SE ACABARON LAS RABIETAS

Roberta Cavallo y Antonio Panarese

Se acabaron las rabietas

Cómo resolver los conflictos con vuestro hijo sin regañarle ni dar gritos, aunque creáis que ya lo habéis intentado todo

Traducción del italiano:
Isabel Prieto

la esfera de los libros

Primera edición: abril de 2016

Título original: *Smettila di fare i capricci*

Avenida de Alfonso XIII, 1, bajos
28002 Madrid
Tel.: 91 296 02 00
www.esferalibros.com

ISBN: 978-84-9060-632-2
Depósito legal: M. 5.478-2016
Fotocomposición: J. A. Diseño Editorial, S. L.
Impresión: Rigorma
Encuadernación: De Diego
Impreso en España-*Printed in Spain*

Índice

LAS BASES

1. Cómo descubrimos las auténticas causas de las rabietas. (Una historia turbulenta) 15
   La historia de Bimbiveri 18
   ¿Qué hay detrás del nacimiento de este libro? 28

2. Criar a un hijo sin conflictos ni rabietas es posible 35
   ¿Por qué es tan importante la relación que establecéis con vuestro hijo? 46
   Demos gracias a la naturaleza por habernos inventado así ... 47

3. Los principios de la Madre Naturaleza (que facilitan el difícil oficio de ser padres) 49
   ¿Cuáles son los principios de la Madre Naturaleza? 53
   «¡Yo no tengo tiempo para estas sutilezas!» 60

4. Si os encontráis a vosotros mismos, él también se encuentra a sí mismo (y los conflictos desaparecen) 63
   Los padres son el centro de todo 65
   ¿Cuál es ahora vuestro verdadero problema? 69

5. Las rabietas no son comportamientos excéntricos, histéricos e inexplicables 70
   Los niños no pueden salirse siempre con la suya (quizá) 71

Pero, entonces, ¿qué son las rabietas? 73
Dos soluciones «salvavidas» para que la relación con vuestro hijo mejore a partir de hoy mismo 75
Apagar la tele con amenazas o sin ellas 81
¿Y si mi hijo no para de pedirme chocolate? 82
«Sí, hasta aquí todo suena muy bonito, pero con mi hijo eso no funciona» 84

6. ¿Por qué tiene rabietas? Las once causas verdaderas 92
Los dos pilares de la cuestión 94
Las once causas de las rabietas 95
¿Por qué no nos escucha, no ordena sus cosas y no se acaba lo que tiene en el plato? 105

7. Las ocho necesidades supremas de vuestro hijo 116
¡Vivan los mimos y las zalamerías! 118

8. Cómo tener un hijo que siga las normas, no conteste mal y colabore 126
¿Cómo aprenden los niños? Las cuatro claves fundamentales 128

9. Cuatro puntos que os permitirán entender mejor a vuestro hijo 136
La posesión 136
Las normas 139
Los límites 140
El juego 141

10. Las armas ineficaces contra las rabietas (y que empeoran la situación) 144
Los castigos 145
El «tiempo muerto» 150
El rincón de pensar 151
El refuerzo positivo 152

LA PRÁCTICA

11. Las doce claves para resolver cualquier conflicto o rabieta 159
Y ahora, algo de práctica... 160

12. Los once conflictos más difundidos (y cómo podéis resolverlos) 178
Por qué os enfadáis enseguida y termináis dándole un grito o castigándole 180
Contemplad a vuestro hijo como si no fuese vuestro, sino un niño que otros han dejado a vuestro cuidado 183
1. Nuestro hijo llora: ¿qué podemos hacer? 185
2. ¿Cómo solucionar las peleas entre hermanos sin que nos suba la tensión? 189
3. ¿Por qué se niega a apagar la tele a su hora? 197
4. ¿Por qué no recoge sus cosas? 205
5. ¿Cómo conseguir que se lave los dientes todas las noches? 210
6. ¿Qué hacemos si no quiere terminarse todo lo que tiene en el plato? 219
7. ¿Cómo podemos evitar que toque cosas peligrosas? ... 222
8. ¿Conseguiremos algún día que se ponga a hacer los deberes sin gritos ni amenazas? 227
9. ¿Podemos lograr que se vista y salga de casa por las mañanas sin recurrir al chantaje? 230
10. ¿Cómo evitar los típicos caprichitos y que no pare de pedir cosas cuando vamos al supermercado? . 237
11. ¿Cómo podemos ocuparnos de él sin desatender todo lo demás? 240

13. «¿Y ahora por dónde empiezo?» 245
Los nueve enemigos del «dispositivo antirrabietas» 246

Y cuando el niño está en plena rabieta,
¿cómo podéis gestionar vuestra frustración? 250
«Sí, pero ¿por dónde empiezo?» 254

Y para acabar... ¡un rico postre! 257
Agradecimientos (a quienes realmente los merecen) 259
Antes de despedirnos... 261

En este libro nos dirigimos a los niños en general, utilizando el género masculino y el singular. Lo hacemos por comodidad, abarcando con este término tanto a los niños como a las niñas, a los hijos e hijas únicos y a los que tienen hermanos o hermanas. La elección no pretende ser discriminatoria sino inclusiva, y además tenemos plena confianza en la existencia de un género femenino lo bastante seguro de su valor y de su papel en la sociedad como para dar importancia a estos detalles.

LAS BASES

1

CÓMO DESCUBRIMOS LAS AUTÉNTICAS CAUSAS DE LAS RABIETAS. (UNA HISTORIA TURBULENTA)

Este es un libro optimista y esperanzador, pensado para que mejore vuestra calidad de vida. Parte del principio de que, si queréis, la relación con vuestro hijo puede ser mucho más satisfactoria. No importa quiénes seáis, cuáles sean vuestros orígenes, cómo haya sido vuestra infancia, qué tipo de trabajo desempeñéis o de cuánto tiempo dispongáis: nunca es tarde para desear, y obtener, lo mejor de nosotros mismos y de nuestros hijos.

Después de años de experiencia directa con niños, de impartir cursos y tutorías enfocadas hacia las familias, hemos visto cómo muchísimos padres conseguían plantearse con serenidad, seguridad y optimismo la relación con sus hijos y cómo muchísimos niños «caprichosos» y proclives a las rabietas se transformaban en «plácidos angelitos» para su tranquilidad y bienestar.

Y todo esto sin necesidad de fórmulas mágicas, de complicados métodos pedagógicos ni de procesos de reeducación: solo observando mejor al niño, secundando sus instintos naturales innatos y despertando el instinto parental y el sentido común.

Por experiencia, sabemos que, hoy en día, defender el sentido común o la intuición puede suponer un desafío a la opinión pública. Basta recordar que nosotros mismos somos los primeros que, a veces, rechazamos el instinto que nos empuja a coger en brazos a un niño cuando llora, o que negamos la idea de que los niños no «tienen rabietas» porque sí, sino que con ellas están expresando una necesidad, que no meten los dedos en los enchufes para irritarnos o provocarnos, sino para experimentar y descubrir. Algunas de estas cosas parecen un contrasentido, al menos inicialmente.

El éxito obtenido por muchos padres que se han limitado, simplemente, a secundar los principios naturales y las necesidades del niño, nos empuja, sin embargo, a sostener cada vez con más fuerza y convicción que es posible criar a los hijos sin perder los nervios y establecer con ellos una relación sin conflictos, sin que ello implique ser excesivamente blandos y condenar a los niños a convertirse en adultos débiles. Cuando llevéis leídas más páginas, este concepto os resultará mucho más claro.

La naturaleza es sabia desde la noche de los tiempos y nos ha creado con la capacidad para encontrar soluciones con solo extender la mano (en breve leeréis una bonita historia al respecto). El desafío, para nosotros, consiste en volver a escucharla, en aprovechar todos los beneficios que pone a nuestra disposición y en liberarnos de cuanto es antinatural y poco eficaz.

En este libro no vamos sino a describir los procesos naturales que atraviesan los niños y los adolescentes mientras crecen, qué necesidades tienen, y a explicaros, de forma práctica y sencilla, cuáles deben ser vuestras respuestas para evitar no solo las rabietas y las conductas caprichosas, sino también las luchas de poder y los enfrentamientos en el seno de vuestra relación.

Vamos a exponer de forma sencilla la teoría, eliminando los tecnicismos, y poner a vuestra disposición un método concreto, eficaz y realista para resolver los conflictos y las incomprensiones con vuestro hijo. A medida que avancéis en la lectura del libro, os daréis cuenta de que, en la mayor parte de los casos, los conceptos abstractos relativos a la educación (que si el niño «tiene que hacer esto», que si «tiene que hacer lo otro», que si «debe portarse así», que si «debe portarse asá») son totalmente inútiles. Estamos convencidos de que aprender a observar lo que el niño nos dice o manifiesta con su conducta y ponernos a su disposición, sin dejar por ello de desempeñar nuestro papel de padres, es mucho más útil y satisfactorio para todos. Lo que nos proponemos es ayudaros a que mejore vuestra calidad de vida, así como la de vuestro hijo. Y, dado que la vida se compone de los momentos que pasáis con él y de las cosas que hacéis juntos, también queremos que vuestro tiempo sea de utilidad para su crecimiento, pero siempre dentro de una atmósfera de alegría y serenidad porque el amor y la educación pueden ir de la mano y coexistir en un mismo instante.

Algunos de nuestros consejos, si los ponéis en práctica, funcionarán enseguida; con otros, en cambio, tendréis que esperar un cierto tiempo para ver los resultados. Algunos os parecerán muy sencillos; otros un poco más complejos y os llevarán más tiempo. Pese a ello, podemos aseguraros que vale la alegría (y no solo la pena):

> Secundar la naturaleza del niño produce resultados duraderos y consigue que ejercer el papel de padres sea mucho menos agotador.

Este libro no pretende enseñaros nada. Lo que queremos es ayudaros a que despierten de nuevo vuestro instinto natural, el sentido común y los conocimientos innatos que hacen de vosotros los mejores padres que vuestro hijo pueda desear.

Una gata no necesita instrucciones para criar a sus cachorros. Vosotros también podéis recurrir a vuestros recursos innatos. Basta con que dejéis a un lado los prejuicios educativos que os llevan condicionando desde hace años impidiéndoos constatar un hecho fundamental: la naturaleza del niño os lo dice todo. Solo tenéis que observarla y ella os hará entender la respuesta que vuestro hijo desea, la única que necesita en ese momento.

En las páginas siguientes encontraréis muchos ejemplos prácticos y muchos consejos útiles, pero os vamos a ser sinceros: leerlos no os cambiará la vida. Tendréis que captar el sentido profundo de nuestras palabras, interiorizarlo y aplicarlo con constancia, perseverancia y generosidad todos los días. Solo así unas palabras escritas sobre un papel podrán materializarse y ayudaros a mejorar vuestra vida como padres.

Quizá os parezca que algunos de nuestros consejos son absurdos, ineficaces, contrarios a toda norma y perjudiciales para una buena educación. Tened por seguro que no estamos aquí para obligaros a cambiar de opinión, pero podemos garantizaros que todos los consejos se basan en nuestra experiencia personal y en la práctica diaria. Siempre que hemos tenido problemas con un niño, el único camino rápido, seguro y eficaz para solucionarlos era el que se aproximaba a su naturaleza, el que tenía en consideración sus exigencias. Nunca nos ha fallado y este es el camino que estáis a punto de descubrir.

Llegados a este punto, según la escaleta, tenemos que contarte nuestra historia y cómo surgió Bimbiveri [Niños auténticos o verdaderos]. Hemos decidido añadir algunos recuerdos procedentes de nuestra experiencia personal durante aquel periodo. Si no queréis releer nuestra historia «oficial» porque ya la conocéis, saltaros las páginas siguientes e id directamente al apartado: «Diario de Roberta. Un fragmento de historia no oficial», en la página 23.

La historia de Bimbiveri

Antonio y yo nos conocimos en el año 2006 cuando asistíamos a la escuela de formación L'Oasi Naturale, de Angela Pedicone, un centro que, por fin, sintonizaba con nuestras aspiraciones y deseos. Angela era una exenfermera pediátrica que había sido enfermera jefe en el hospital Regina Margherita de Turín. Entre el hospital y los cursos de naturopatía, dirigidos a los padres, había dedicado los últimos veinte años de su vida comprobando qué es lo que realmente funciona con los niños y perfeccionando sus teorías, siempre a través de la observación de los principios de la naturaleza.

Tenía una capacidad formidable para «leer dentro» de los niños y los adolescentes y resolver las difíciles situaciones que los padres sometían a su asesoramiento.

El centro para niños en acogida

En 2008, junto a Angela, decidimos fundar un centro para niños en acogida, colaborando con los asistentes sociales y los psicólogos de Turín, Casale Monferrato, Leini y Viterbo y desarrollando, a tiempo completo, talleres de formación y consultorías. En concreto, perfeccionamos la parte técnica y teórica a través del contacto diario con los niños aquejados de minusvalías o con trastornos del comportamiento, colaborando con los colegios públicos y las guarderías en la no fácil tarea de integrar en la escuela a los alumnos procedentes de familias con escasos recursos económicos y afrontando todos los días las dinámicas comunes a todos los padres y educadores, desde las enfermedades infantiles, el destete y el sueño de los bebés hasta la gestión diaria de la incapacidad física, la relación con los otros niños del centro y los problemas a la hora de hacer los deberes.

En el centro llevamos también a cabo una experiencia familiar, de tres años, acompañando a los pequeños en un recorrido educativo en el que caminasen al mismo paso los contenidos escolares previstos por el Ministerio con el uso de una metodología más en sintonía con la esencia de los niños. La metodología prevé un contacto más directo con la naturaleza, una serie de experiencias prácticas a través de las cuales el niño puede adquirir un conocimiento directo y no inducido de las cosas y el empleo de la mayéutica socrática para ayudarlos a «sacar fuera» el bagaje de conocimientos que ya tienen dentro de sí. Gracias a este método, niños que habían padecido traumas en el periodo escolar, que habían desarrollado una fuerte aversión a la autoridad y que presentaban graves déficits de atención o un total desinterés por la escuela han redescubierto el placer de aprender, dentro de un clima de respeto hacia los otros niños, recuperando la confianza en los adultos y, sobre todo, en sí mismos y en sus propias capacidades.

En este libro encontraréis la descripción de muchos casos similares y de cómo los hemos afrontado. Ha sido precisamente la gran experiencia acumulada en ese periodo lo que nos ha hecho sentirnos tan seguros y lo que nos ha permitido comprender la causa de los problemas en la infancia y en la adolescencia. Cinco años durante los cuales hemos tenido en total a veintiocho niños y seis madres en acogida. Una inmersión total que nos ha proporcionado los medios para acercarnos a la verdadera naturaleza de los niños, averiguar qué funciona y, en cambio, qué es perjudicial para ellos y para la relación que establecen con los padres.

Como podéis imaginar, se trataba, en la mayoría de los casos, de situaciones límite: mujeres maltratadas por su pareja, niños que habían sufrido abusos, que estaban aquejados de alguna discapacidad o medicados con psicofármacos porque se les había catalogado como inadaptados, que se autolesionaban o habían sido víctimas de maltratos físicos y psíquicos desde su más tierna edad. Es imposible olvidar la mirada de algunos de ellos. Muchos, cuando llegaban, no se dejaban tocar ni acariciar: el más mínimo contacto físico los remitía a las violencias y sufrimientos padecidos. A veces no conseguíamos cogerlos en brazos o hacerles carantoñas, que para ellos eran desconocidas, hasta pasados los dos o tres meses. A veces nos llevaba todo un año modificar las actitudes agresivas y violentas heredadas del pasado. Algunos, al principio, eran víctimas de tal desesperación que nos agredían incluso a nosotros, dándonos patadas y puñetazos, pero ver cómo iban progresando poco a poco y sanaban de sus heridas, observarlos mientras recuperaban la capacidad de sonreír, de jugar libres y confiados fue siempre motivo de una inmensa y auténtica alegría.

Otro punto candente era el tema de la alimentación. También en este caso, armándonos de infinita paciencia, hemos conseguido que se alimentaran de forma racional y equilibrada, que descubrieran que, además de los perritos calientes, las hamburguesas, las bolsas de patatas fritas y la bollería industrial, existen los cereales, las verduras y también la fruta. Si los principios de la naturaleza han funcionado, devolviendo la capacidad de sonreír a estos niños y estos adolescentes, pueden funcionar con todos.

En el curso escolar 2009-2010 tuvimos la satisfacción de conducir, a raíz de un bando promulgado por el gobierno regional de Piamonte, el curso «La Via Naturale: lo sviluppo emotivo del bambino secondo natura». Dirigido a los profesores de preescolar, al curso ha asistido el personal de algunos colegios estatales de las provincias de Turín y Asti.

La muerte de Angela Pedicone. Inicio de un nuevo ciclo

A principios del año 2010, se abre un nuevo capítulo en nuestra historia: Angela enferma gravemente. Durante un año el terceto se divide en dos. Yo, Roberta, sigo trabajando a tiempo completo, consagrándome a ello en cuerpo y alma, con jornadas laborales de hasta dieciocho horas diarias para hacer frente a la emergencia; mientras, Antonio y Angela abandonan temporalmente el proyecto para ocuparse a tiempo completo de la salud de esta última. En octubre de 2010 Angela nos deja.

Aunque estábamos preparados para lo peor, cuando Antonio, que permaneció a su lado en todas las fases de la enfermedad y la acompañó también en sus últimos momentos, nos dio la noticia, fue un tsunami emocional por todo lo que Angela representaba. Era una amiga, una maestra, un ejemplo de madurez, una persona consecuente que siempre tenía una solución para todo y que estaba dotada de una extraordinaria capacidad intuitiva para comprender y solucionar los problemas de los niños.

Tras la desaparición de Angela nos preguntamos si debíamos seguir adelante con el proyecto o abandonar. Nos replanteamos nuestra vida en general y tomamos la decisión de terminar, en el plazo de uno o dos años, los proyectos que teníamos en marcha e instalar luego nuestra residencia definitiva en una isla para reencontrar la paz y la serenidad perdidas.

Mientras reorganizábamos nuestras actividades y nos preparábamos para mudarnos ocurrió, sin embargo, algo en nuestro interior. Los resultados obtenidos por los alumnos con nuestros cursos de formación, el hecho de que los padres hubieran resuelto sus dificultades gracias a nuestras tutorías, los beneficios que recibíamos del contacto diario con niños con discapacidades o con desórdenes de conducta, el hecho de ser conscientes de los daños que producen los métodos educativos actualmente generalizados, sumados a la falta de sensibilidad con respecto a los niños, hace que brote en nosotros el deseo de seguir difundiendo los conocimientos legados por Angela y de recoger el testigo de sus investigaciones en el campo de la infancia y de la adolescencia.

El nacimiento de Bimbiveri. Nuestros dos primeros libros

Una vez concluida la colaboración con los asistentes sociales, fundamos Bimbiveri, la sociedad de formación especializada en cursos encaminados a que los niños crezcan felices, según los dictados de la naturaleza, y volvimos a organizar tutorías, trabajando en ello a tiempo completo. Luego, gracias a la experiencia acumulada en los últimos años, el estudio asiduo y las comprobaciones sobre el terreno, tuvimos la idea fundamental: el «mapa para el crecimiento feliz», en el que definimos cuáles son las habilidades y competencias que precisan los padres para criar a su hijo en la serenidad y la alegría. Para brindar a todos la posibilidad de conocer nuestras experiencias decidimos adjuntar al mapa un librito de instrucciones. Fue así como nació *Smettila di reprimire tuo figlio* [Deja de reprimir a tu hijo], que se convirtió en un *best seller*: solo en los primeros sesenta días se vendieron diez mil ejemplares, y permaneció en los primeros puestos de las listas durante varios meses. Un año después, en octubre de 2014, salió nuestro segundo libro, *Le 7 idiozie sulla crescita dei bambini* [Las 7 idioteces sobre el desarrollo de los niños].

Con motivo de ambas publicaciones organizamos la gira «La fórmula para el crecimiento feliz», en la que participaron dos mil quinientas personas.

Una de las elecciones más importantes de nuestra vida

La decisión de fundar el centro para niños en acogida ha sido una de las elecciones más importantes de nuestra vida. Pasar las veinticuatro horas del día en contacto con niños y adolescentes, con edades comprendidas entre los pocos meses de vida y los diecisiete años, nos ha permitido adquirir una enorme experiencia y comprobar sobre el terreno qué es realmente eficaz para los menores emocionalmente heridos y qué les garantiza un crecimiento tranquilo y alegre.

El crecimiento al que todos los niños tienen derecho.

DIARIO DE ROBERTA

UN FRAGMENTO DE HISTORIA NO OFICIAL

Serían, más o menos, las dos de la madrugada.

Ya estaban todos dormidos, las últimas pesadillas se habían desvanecido y yo me encontraba en la cocina, algo frecuente en esa época, haciendo pan y preparando parte de la comida para el día siguiente. Era julio y, en el fondo, no me disgustaba trabajar por la noche. Afuera corría algo de aire fresco y solo a esas horas se podía disfrutar de aquel silencio mágico, impensable durante el día entre los juegos, las peleas, los llantos, los gritos y las carcajadas habituales.

Una tranquilidad con propiedades regeneradoras, totalmente ajena al ritmo diario, en el que el tiempo es el amo y no hay más remedio que pasarse el día corriendo para llevarlos al colegio, recogerlos, acompañarlos a este sitio o al otro, ocuparse de la comida, la merienda, la cena, los deberes y los mimitos, de vestirlos, cambiarles los pañales, jugar con ellos, entretenerlos, mediar en las peleas, inventarte cada dos por tres algo que los divierta... Esa noche me sentía muy a gusto, trabajando con las manos, la cabeza libre de preocupaciones..., sin embargo, mientras cubría el recipiente en el que había puesto el pan para que fermentase, me asaltó, de repente, una serie de dudas: «¿Por qué estoy haciendo todo esto? ¿Por qué no estoy ahora mismo en mi cuarto, durmiendo? ¿Por qué no llevo una vida como la de todos los demás?

»La verdad es que estoy cansada, muy cansada. Tengo miedo. Miedo a que algo salga mal, miedo a dar pasos en falso. ¿Quién me garantiza que todo irá bien? Tengo sobre mis hombros la responsabilidad de todos estos niños desafortunados, en algunos casos también la de sus madres... ¿Para qué todo esto? ¿Por qué no vuelvo a mi vida de antes: yo sola, con un buen trabajo, con tiempo libre para divertirme, para estudiar, para cultivar mis intereses?».

Angela nos había dejado para siempre. Ya no podía confiarle mis pensamientos, mis miedos y mis esperanzas, recibir sus palabras de ánimo, su ayuda en algún caso concreto, su apoyo ante las dificultades en el reparto de las responsabilidades cotidianas. ¡Qué tristeza! De vez en cuando, aún me parecía verla sentada ante el ordenador poniendo en marcha algún proyecto, decidiendo la suerte de los niños en alguna oficina de servicios sociales; otras veces me parecía verla fuera, en el patio, jugando con los críos, consolando a alguno o logrando que a otro dejase de dolerle la tripa. Ya no era así y, con frecuencia, sentía que sin ella el peso de la responsabilidad era excesivo para mis fuerzas. Entonces, ¿qué me empujaba a seguir adelante?

Aquella noche también me lo pregunté. Otras veces, en los momentos más duros, cuando rompía a llorar y quería dejarlo todo (me ocurrió con más frecuencia de lo que cabría imaginarse), siempre había algo que me empujaba a seguir adelante. A veces eran las obligaciones cotidianas a las que no podía decir que no (no tenía tiempo para pensar en mí misma, hacía lo que tenía que hacer y me olvidaba del resto), otras veces era una alegría inesperada que disipaba todas mis penas. Y eso fue lo que pensé aquella noche. Las dificultades y los problemas se multiplicaban pero el miedo, el cansancio, la ansiedad y la insatisfacción son emociones humanas. Creo sinceramente que, al margen de estos estados de ánimo, con el espíritu y la fuerza de ánimo apropiados, podemos identificar claramente nuestros objetivos, descubrir cuál es el sentido de nuestra vida, cuál es nuestro proyecto vital y hacer todo lo que sea preciso para llevarlo a cabo. La vida es un río imparable: por muy largo que sea el recorrido, siempre acaba por llevarte al mar, y si apuntas insistentemente hacia esa dirección sin desviar la vista de ella, si te dejas arrastrar y contribuyes con todas tus fuerzas a que se realice el viaje, antes o después conseguirás alcanzar tu destino. Yo sabía, a grandes rasgos, cuál era mi proyecto vital y en mi cabeza solo había sitio para una idea: los niños que en aquel momento vivían conmigo y que yo me esforzaba en que crecieran de la mejor forma posible, aquellos niños que unas veces se reían y otras lloraban, que tan pronto estaban jugando tranquilamente como, un segundo después, arremetiendo contra todo, poseídos por una furia destructiva; aquellos niños difíciles, definidos a veces como desadaptados, tenían un corazón puro y un propio proyecto personal que realizar.

Este era, en el fondo, mi motor: ayudarlos a ser ellos mismos, a curar sus heridas, a colmar sus vacíos, a que volvieran a confiar en sí mismos, en la vida y en los adultos, a darles de nuevo la oportunidad de vivir con serenidad, de aprender a entender qué querían y cómo podían alcanzarlo.

Era esto lo que me hacía levantarme todas las mañanas a pesar del cansancio: saber que en esos momentos yo era el único puerto seguro, la única ancla de que disponían. La tarea no siempre era fácil, pero, incluso en los momentos más duros, una sonrisa suya, un pequeño cambio, una palabra y, por qué no, sus llantos liberadores me daban la certeza de que mi esfuerzo serviría para algo. Hoy esos niños son mayores y están siguiendo su camino en alguna parte. Aunque en el futuro olviden el trocito de camino que recorrimos juntos o, como sucede con frecuencia, recuerden sobre todo los momentos tristes, sé que lo que hemos hecho no ha sido en vano y que ha servido para prepararles un buen terreno sobre el que asentar su futuro.

DIARIO DE ANTONIO

OTRO FRAGMENTO DE HISTORIA NO OFICIAL

Mientras Roberta preparaba en la cocina la masa para la *pizza*, los cuatro niños que teníamos en la casa discutían animadamente sobre la forma y el tamaño que iban a dar a la *pizza*, los ingredientes que pensaban ponerle... La expectación iba en aumento. Ya estaban todos listos: las manos requetelimpias, el gorro en la cabeza y el delantal perfectamente atado a la espalda. Era la hora de hacer la *pizza* con Roberta. Yo observaba la escena por el rabillo del ojo, mirando hacia la cocina desde el rincón en el que estaba sentado y que hacía las veces de nuestra oficina. En menos que canta un gallo, aparecieron los primeros churretones de salsa por el suelo, se oyeron las primeras carcajadas porque alguien había estirado demasiado la masa y le había hecho un agujero, las verduras empezaron a aparecer, tiradas a puñados, en parte sobre la *pizza* y en parte sobre el suelo, y por último, la firma, el signo distintivo que permitiría a todos reconocer la obra como suya cuando la *pizza* saliera del horno.

¡Qué cambio tan increíble! Aquellos cuatro niños nos habían llegado, hacía apenas unos meses, apagados, tristes, no les apetecía hacer nada. A M. no podías ni abrazarlo, no dejaba que se le acercase nadie, y ahora, en cambio, se arrojaba a la mínima en tus brazos y se dejaba mimar. A E. parecía imposible apartarlo de su Nintendo y, sin embargo, allí estaba ahora, bromeando con los otros y haciendo una *pizza*, sin pedirnos desde hacía días que le dejáramos jugar con su videojuego preferido.

F. había llegado en medio de gritos, palabrotas, crisis de llanto, nerviosismo. Y ahora, superada la insociabilidad de los primeros días, estaba ayudando a la más pequeñita a hacer la *pizza* (¡hasta sonreía!). Había descubierto su vocación: de mayor quería ser cocinero, se pasaba muchas veces la tarde entera leyendo libros de cocina.

R. lloraba continuamente, estaba traumatizada, había sufrido maltrato físico y, sin embargo, allí estaba ahora ella también, con un delantal que le quedaba enorme, sonriendo, con las manos llenas de harina y la nariz manchada de salsa de tomate.

Roberta estaba de pie supervisando los trabajos; parecía haber olvidado el huracán emocional que nos había sacudido unas semanas antes.

En esa escena faltaba algo: faltaban todos los niños y los adolescentes que, en aquella misma mesa, habían hecho centenares de *pizzas* y que, ahora, ya no estaban con nosotros. Algunos habían regresado con sus familias, otros habían empezado nuevas vidas cuando concluyó el proyecto con nosotros.

Pero también faltaba ella.

Faltaba Angela, con la que había comenzado todo.

En el piso nos habíamos quedado Roberta y yo, solos. Convertidos, de un día para otro, en padres de acogida, de vez en cuando, ya entrada la noche, nos preguntábamos qué hacer. Ya habíamos empezado a escribir *Deja de reprimir a tu hijo*, aprovechando el silencio de la noche, mientras nuestros niños dormían. Todavía no sabíamos si había sido la elección adecuada: había mucha gente que nos pedía un libro, pero ¿sería apreciado? ¿Seríamos capaces de ofrecer un instrumento simple, claro y útil a los padres? No teníamos la respuesta a esas preguntas. Y, sin embargo, observando a los niños mientras preparaban la *pizza*, yo seguía viendo el rostro sonriente de Angela en medio de ellos. Sí, teníamos que seguir adelante. Teníamos que seguir difundiendo nuestra experiencia, transmitiéndosela a todas las personas que tenían problemas con sus hijos. Aún había que superar muchos obstáculos y muchos desafíos.

Mientras los niños seguían a Roberta hasta la cocina, como los patitos a mamá pata, para comprobar que la *pizza* se estuviese horneando bien, volví la mirada hacia mi ordenador, a las páginas que Roberta había escrito la noche antes...

¿Qué hay detrás del nacimiento de este libro?

Lo cierto es que detrás de este libro no hay ninguna inspiración súbita. No nos levantamos una mañana deseando frenéticamente publicar un nuevo libro. No hemos decidido escribir un tercero aprovechando el éxito de los dos primeros. Nos apasiona escribir, pero el entusiasmo se pasa enseguida si no sabes de qué o por qué escribir. Este libro nos lo han pedido los lectores (quizá vosotros os contéis entre ellos). Todo el mundo sabe qué es una rabieta infantil. Cuando hablas de las rabietas muchos (casi todos) levantan la vista hacia el cielo con resignación porque no saben cómo acabar con el problema de una vez por todas.

Nosotros, igual que vosotros, también sabemos qué son las rabietas. Recordamos muy bien las de los niños que hemos tenido en acogida y en ese caso la palabra «rabieta» parece un eufemismo. Hace pocos días hemos visto el vídeo de una profesora que ha grabado lo que quedaba de una clase después de sufrir el desahogo de un niño hiperactivo y agresivo: pupitres, sillas, mochilas, libros y cuadernos tirados por todas partes, arrojados brutalmente contra el suelo.

Ha sido como dar un salto al pasado.

No nos gusta contar nuestras experiencias más dramáticas, pero descubrir la forma de resolver el problema de las rabietas fue más bien turbulento. No podemos negarlo. Gracias a Angela aprendimos a conocer la naturaleza de los niños, pero poner en práctica sus teorías no fue siempre fácil al inicio, aunque ahora nos parezca un paseo. Nos hemos encontrado con niños y adolescentes dominados por el impulso de hacer daño a los otros, con niños hiperactivos, con *borderline*, con niños que se autolesionaban empleando sus propios dientes y sus propias uñas, que gritaban, que destrozaban juguetes, platos, vasos, sillas. Hemos empleado la firmeza (la firmeza, subrayamos la palabra, no la rigidez, la dureza o la violencia), hemos aprendido qué significa conseguir no alterarnos y mantener la calma. Pero no solo eso. Para reducir drásticamente el número de estos episodios, para evitar la manifestación indiscriminada de todo tipo de rabietas y conflictos hemos tenido (y lo hemos hecho con alegría) que construir y establecer con ellos una relación concreta, y necesitaremos todo el libro para contarte cómo lo hemos hecho. En los momentos difíciles siempre hemos intervenido de una forma determinada, la que intentaremos trasladaros a vosotros, pero, sobre todo, nos hemos esforzado en llegar hasta el origen, la causa primera de sus dificultades y su malestar o disgusto.

Si os decidís a seguir nuestros consejos, y lo hacéis con constancia y perseverancia, vosotros también obtendréis los beneficios que hemos obtenido nosotros, puede que vosotros los disfrutéis incluso más. Dispondréis de más tiempo libre para pasarlo tranquilamente con vuestros hijos, para descansar o para hacer las faenas del hogar. Vosotros también dejaréis de estar en tensión, de acumular ansiedad, de sentiros dominados por las dudas cada vez que vuestro hijo «monte el número», se enfade o no quiera comer.

Vosotros también podréis decidir entre llevar al niño al supermercado o dejarlo en casa con alguien sin que eso desencadene una «rabieta» (descubriréis muy pronto que no se trata de un capricho y qué hacer en estos casos). Tendréis que empeñaros a fondo, es cierto, pero los resultados serán altamente satisfactorios. No solo para vosotros, sino también para él, porque su naturaleza no se verá lesionada. Te lo decimos por experiencia: hemos pasado por ello.

Qué es lo que vamos a hacer juntos en este viaje resuelve-rabietas

En los primeros capítulos del libro descubriréis por qué las rabietas no son comportamientos histéricos e inexplicables. Os desvelaremos su auténtica naturaleza y cómo comprenderlas, explicándoos concretamente cómo las hemos resuelto nosotros en nuestro día a día con los niños en acogida. A medida que avancéis en la lectura empezaréis a familiarizaros con una primera arma capaz de salvaros el pellejo en muchas situaciones y que, gracias a nuestros ejemplos, aprenderéis rápidamente a utilizar: anticiparse a la necesidad.

En el sexto capítulo afrontaremos las once causas verdaderas de las rabietas, que todo padre debe conocer para conseguir resolver de forma definitiva las incomprensiones y las eventuales luchas de poder. Os abrirán los ojos a un nuevo mundo, que contempla la emotividad de vuestro hijo, sus sentimientos y su punto de vista (hoy pisoteados con frecuencia por métodos educativos fríos y racionales, hechos a la medida de un adulto y no de un niño, un ser, por definición, sensible y necesitado de mimos y atenciones).

En el capítulo siguiente descubriréis las ocho necesidades supremas de los niños: según nuestra experiencia, son el verdadero secreto para entenderlos en cualquier situación. Las hemos condensado y sintetizado ex profeso para vosotros: os ayudarán a considerar a los niños desde una perspectiva completamente distinta y estamos seguros de que os darán más de un motivo de reflexión.

En el octavo capítulo nos adentraremos en uno de los problemas más comunes: cómo conseguir transmitir a vuestro hijo las reglas y las normas de buena educación, no obtener sistemáticamente un «no» por respuesta o desencadenar ataques de rabia, gritos y rabietas cada vez que le digáis algo... A continuación, encontraréis los cuatro puntos fundamentales para entender cómo aprenden los niños. Al principio podrán pareceros absurdas o insuficientes, y es posible que penséis que se necesita bastante más para que vuestro hijo aprenda de una vez a comportarse de determinada manera. A medida que avancéis en la lectura del libro, sin embargo, os daréis cuenta de que no es así. Quizá tendréis que olvidar algunas convicciones profundamente enraizadas en vosotros: somos conscientes de que aceptar un punto de vista distinto al de uno no siempre es fácil. Pero si conseguís seguir estos cuatro puntos, descubriréis que vosotros también podéis tener a vuestro lado a un niño que siga las normas, no lo discuta todo, se acuerde de lo que le decís (es más, a veces será él quien os indique cómo se hacen las cosas), memorice rápidamente y sin problemas una lección, se mantenga alejado de los peligros, eche una mano en casa o colabore en las tareas diarias (como ha ocurrido con nuestros niños en acogida a la hora de guardar los juguetes, poner la mesa, ordenar su cuarto, etc.).

¿Una utopía? No: es perfectamente posible, y está ya todo predispuesto en vuestra esencia innata y en la de vuestro hijo. Página tras página, línea tras línea, estaremos a vuestro lado, apoyándoos hasta que alcancéis esa meta fundamental.

En el décimo capítulo os explicaremos por qué las soluciones más difundidas y adoptadas con respecto a las rabietas no solo son ineficaces sino que, además, empeoran la relación con vuestro hijo, minando el afecto que siente hacia vosotros y preparando el terreno para que en la adolescencia se produzcan incomprensiones y rebeldías.

Llegados a este punto, podremos pasar ya a indicaros las líneas maestras con las que podréis afrontar cualquier tipo de conflicto o rabieta. Se trata de soluciones prácticas que os enseñarán a desactivar las rabietas antes de que exploten o a resolverlas de la mejor forma posible, logrando que vuestro hijo se sienta querido, comprendido y escuchado. Lo que aprenderéis en estas páginas os ayudará no solo a eliminar el problema de las rabietas, sino también a establecer sobre bases más sólidas la relación con vuestro hijo.

Hemos llegado a la última pieza del puzle: *los once conflictos o rabietas más difundidos* (que por fin sabréis cómo resolver). Uno tras otro, en el capítulo doce afrontaremos los conflictos más temidos por los padres y veremos, paso a paso, cómo resolverlos. Os los anticipamos:

1. Nuestro hijo llora: ¿qué podemos hacer?
2. ¿Cómo solucionar las peleas entre hermanos sin que nos suba la tensión?
3. ¿Por qué se niega a apagar la televisión a su hora?
4. ¿Por qué no recoge sus cosas?
5. ¿Cómo conseguir que se lave los dientes todas las noches?
6. ¿Qué hacemos si no quiere terminarse todo lo que tiene en el plato?
7. ¿Cómo podemos evitar que toque cosas peligrosas (el truco del «padre o madre colchoneta»)?
8. ¿Conseguiremos algún día que se ponga a hacer los deberes sin gritos ni amenazas?
9. ¿Podemos lograr que se vista y salga de casa por las mañanas sin necesidad de recurrir a los chantajes?
10. ¿Cómo evitar los típicos caprichitos y que no pare de pedir cosas cuando vamos al supermercado?
11. ¿Cómo podemos ocuparnos de él sin desatender todo lo demás?

Como en todo gran banquete, al final habrá postre, pero por ahora no podemos anticiparos nada más. Como habréis podido deducir por este pequeño anticipo estáis a punto de adueñaros de muchos instrumentos prácticos, de ejemplos extraídos de la experiencia que os ayudarán a que no os perdáis, sino que obtengáis para siempre, esa felicidad a la que todos tenemos derecho por nacimiento, vosotros incluidos: la felicidad de ejercer el papel de padres de la forma más natural y satisfactoria, de sentiros a diario orgullosos de lo que hacéis, de sortear los conflictos y rabietas con la misma facilidad con la que un campeón olímpico de slalom llega a la meta sin haber rozado siquiera los obstáculos.

¿Y qué ocurriría si no quisieseis poner en práctica lo que estáis a punto de leer?

¿Qué pasaría si os hartáis ya antes de empezar? ¿Qué, si por algún motivo, algo que no os gusta os irrita tanto que os entran ganas de tirar el libro a la basura?

Pues nada. No pasaría absolutamente nada. La idea de que no pasaría nada puede ser muy tranquilizadora (si todo se queda como está por lo menos no se corre el riesgo de que empeore), pero también decepcionante (porque lo que estáis viviendo no os gusta ni poco ni mucho).

> Si todo se queda como está, los problemas que tenéis hoy con vuestro hijo no se resolverán: vosotros seguiréis sin entenderle y él seguirá sin entenderos a vosotros.

Pero eso no es todo. Desde nuestro punto de vista, los problemas traen consigo otra serie de riesgos, desventajas y «chinas en el zapato». Por ejemplo:

— No disfrutáis plenamente de lo bonito que es ser padres.
— Si os pasáis todo el día estableciendo normas, resolviendo conflictos con rabia o con tensión, reducís el tiempo que tenéis a vuestra disposición.
— A la larga, perdéis el afecto y la confianza de vuestro hijo y os arriesgáis a recoger los frutos de ese desafecto en el futuro, por ejemplo durante las incomprensiones típicas de la adolescencia.
— Vivís en tensión permanente, temiendo volver a casa y encontraros con los problemas de siempre.
— Convivir permanentemente con la duda y el miedo a equivocarse reduce la autoestima, conduce a la depresión y hace que las energías bajen drásticamente.
— Pelearse y discutir con los hijos es agotador.
— Termináis percibiendo vuestro papel de padres como una penosa carga, el día a día se convierte en un esfuerzo agotador o una batalla interminable y eso borra la sonrisa y las ganas de vivir y socava la confianza en uno mismo y en el futuro.
— La incapacidad para resolver los conflictos con vuestro hijo hace que os quejéis de ellos y de la situación. Las quejas generan pesimismo, el pesimismo genera malhumor y acabáis deprimiéndoos.

Este es el coste que conlleva privarse de la oportunidad de intentarlo (aunque nosotros preferimos hablar de la oportunidad de lograrlo porque, si uno se limita a intentarlo, no siempre lo consigue... ☺).

2

CRIAR A UN HIJO SIN CONFLICTOS NI RABIETAS ES POSIBLE

DIARIO DE ROBERTA

UN NIÑO LLEGADO DE MUY LEJOS

Aquella mañana me sentía feliz porque iba a conocerlo. Su familia de acogida, una vez superado el nerviosismo de las semanas que precedieron a su llegada, no hacía sino contarme por teléfono cuánta «pena» y cuánta ternura les daba, pero también lo difícil que era tratar con él. «¡No se está quieto ni un segundo! ¡Como haya otros adultos u otros niños en casa se porta como un salvaje! ¡No escucha! No sé qué vamos a hacer... ¡Hace falta la paciencia de un santo! Solo quiere comida basura. Se atiborra de chucherías, no come más que *pizza*, perritos calientes y patatas fritas. No podemos darle siempre eso, tiene que aprender a comer de todo. ¡Con razón tiene caries, está hecho un palillo y muy pálido!».

Yo escuchaba pacientemente, sin intervenir, consciente de que no debía ser fácil tratar con él pero que detrás de esa conducta no dejaba de haber un niño. Un niño dulcísimo, tiernísimo, inteligentísimo, simpatiquísimo, como todos los niños. Unos ojos grandes y avispados, color avellana; pelo corto, tirando a castaño claro; la carita fina; constitución delgada; menudo, nervioso.

Pero esta es solo la superficie.

V. es un niño de once años que vive en un orfanato bielorruso. No tiene ni idea de quién fue su padre. A su madre le han quitado la patria potestad, de vez en cuando ve a su abuela y pasa un rato con ella. Desde hace tres años, pasa tres meses al año con una familia italiana de acogida. Conozco bien a la familia, por un estrecho lazo familiar.

Cuando V. está en Italia noto que su familia de acogida está deseando que me involucre, pero también advierto –unas veces menos veladamente que otras– que ve en mí a una especie de loca sin criterios que tiende a mimarlo en exceso y le impide que aprenda a respetar las normas. Yo me limito a observar, sin preocuparme, porque el tiempo me está dando la razón.

La mañana en la que tuvimos nuestro primer encuentro hacía mucho frío en la calle. Él estaba en el salón, delante de la chimenea, jugando a las construcciones sobre la alfombra. Hasta su bata azul, recién estrenada, y las zapatillas de fieltro parecían hechas aposta para calentar su corazoncito. En cuanto lo vi, me ocurrió lo mismo de siempre: bastaron una mirada y una sonrisa para que asomara la vieja sensación. Fue un amor a primera vista.

Una vez más, había que empezar a rehacerlo todo desde el principio: los demás veían a un niño al que había que educar, «meter en cintura»; yo solo veía a un niño al que había que querer, ayudar, entender, una naturaleza distinta a la mía que había que secundar. ¿Cómo? Pues como siempre, igual que todas las otras veces: empleando la paciencia, la lucidez y la disponibilidad con las que he conseguido siempre entrar en la partida y cambiar la suerte del juego.

Él no desafía solo a los otros, me desafía también a mí. ¿Cuál es la diferencia? Yo no reacciono y le sonrío. Siempre. ¿Para qué enfadarme, por otra parte? Sé que no tiene nada personal contra mí. Sé que no ha recibido nunca ningún apoyo, ningún ejemplo, que tiene mucha rabia en su interior y una gigantesca sensación de injusticia que necesita liberar. En caso de enfadarme con alguien, lo haría con los adultos que lo han traído al mundo o con los que se encargan de él el resto del año, a los que solo les interesa que se porte bien, sin prestar atención alguna a su emotividad.

¿Cuál es la otra diferencia entre los demás y yo? Yo no pretendo que él aprenda a portarse «de forma correcta». Yo estoy disponible para escuchar sus necesidades: le digo que si tiene ganas de desahogarse y de hacer el loco, puede hacerlo, que yo lo entiendo (no pasa nada porque un niño, durante unos días, dé rienda suelta a su necesidad de correr, de pelearse o de romper cajas de cartón para desahogar su rabia).

¿Otra diferencia? Si me pide chucherías, no solo no se las niego sino que se las doy a puñados. Sé que muchos pensarán que todo esto es una locura. Pero también sé que lo que hago tiene un sentido, una utilidad.

Nada más verlo, le saludo con una calurosa sonrisa y le digo que estaba deseando conocerlo, que estoy muy contenta por haberlo hecho y que me muero de ganas de ponerme a jugar con él: en realidad, añado, he ido justo para eso (que el niño note enseguida nuestra sincera disponibilidad en lo que a él respecta es un excelente punto de partida). Me siento casi en el acto en la alfombra, lo que tardo en quitarme el chaquetón, y empiezo a montar piezas de Lego mientras le sonrío, le miro a los ojos y le pido que me diga cómo quiere que juguemos (seguirle la corriente al niño cuando jugamos con él, secundando sus intereses, curiosidades y deseos, aumenta los puntos a nuestro favor y evita que no pare de pedir esto o aquello, que pretenda tocarlo todo o ir a todas partes. Una vez satisfechos, el deseo o la curiosidad del niño no precisan ulteriores gastos de atención o de energía. Se pasa a otra cosa sin esa «impetuosidad obsesiva» que muchos adultos conocen y ante la que no saben cómo actuar).

La vida que ha llevado ha hecho de V. un niño lleno de carencias afectivas; es el mismo caso de muchos otros niños. Sé que necesita sentirse observado, escuchado, que no quiere hacer nada sin que un adulto lo vea y le preste atención. Si eso funciona, ¿por qué no hacerlo? ¿Durante cuánto tiempo? Hasta que sus palabras y su forma de actuar nos indiquen que las cosas están cambiando: es decir, cuando juegue y se agite como si estuviera poseso pero también sepa estar tranquilo, empiece a probar nuevas comidas, no le dé miedo ir solo al baño, sea capaz de jugar con otros niños sin la intervención de un adulto, pida muchos menos juguetes y chucherías, no le dé miedo comunicar lo que siente o no pierda la paciencia si hay que esperar. (Con V. el cambio empezó a manifestarse a partir de su segundo año de estancia en Italia).

Vaya donde vaya, me desplace donde me desplace, siempre le pregunto si quiere venir conmigo, le explico y le cuento lo que hago. Si me pide que le acompañe al piso de arriba porque le da miedo ir él solo, en vez de decirle que los niños mayores no tienen miedo, le respondo: «¡Pues claro! Voy contigo». Como sé que adora la *pizza*, los primeros días, nada más llegar, se la compro o se la hago yo con frecuencia. Luego, cuando ya he empezado a ganarme su confianza, como con él y dejo que observe qué como yo (verdura, fruta, sopa, etc.). No le insisto para que coma lo mismo que yo ni me embarco en inútiles peroratas sobre la importancia de una alimentación sana y natural (¡qué rollazo!). Tras observarme durante unos días, es él quien me pide que le deje probar lo que yo como.

¿Por qué lo hace? ¿Porque no me he puesto pesada? En parte sí, pero sobre todo lo hace porque ha entendido que de mí puede fiarse, porque ha empezado a estimarme y, por naturaleza, sigue su instinto, que lo empuja a querer imitarme.

Pasados los años, todavía me sigue pidiendo que me quede con él por las noches. Un niño de once años ya debería dormir solo, lo sé, pero... Me da igual y le respondo: «¡Claro! De paso, podemos leer un bonito cuento, cantar una nana a *Tigro* (el viejo peluche que le hace compañía todas las noches) y, si quieres, ¡hacernos unos mimitos!». Al principio, esta última proposición le dejaba de piedra: ¿mimitos? Si lo abrazaba o lo acariciaba se ponía rígido y retrocedía. Todavía hoy, si un adulto alarga el brazo para hacerle una caricia retrocede instintivamente, por miedo a recibir un golpe.

Pero la naturaleza de los niños es sensible, abierta; un niño es consciente de la importancia de tener a un adulto como guía, capaz de apoyarlo y sostenerlo durante el tiempo que haga falta, hasta que pueda robustecer sus alas por sí mismo. Todos los días, con paciencia, hacía con él lo mismo que hace el agua con la roca: hasta las gotas más minúsculas, a fuerza de caer sobre el más duro de los diamantes, pueden horadarlo. Hoy, V. adora que le hagan caricias y las devuelve, el amor hacia los demás empieza a madurar en él, ha aprendido a dar además de a recibir. Hay una pregunta que me hago con frecuencia: ¿cómo va a dar un niño que, en términos de amor y atención, no ha recibido todo lo que ha deseado?

¿Y cuando no tengo más remedio que decirle que no, qué hago? ¿Le digo que sí de todas formas?

Aunque algunos piensen lo contrario, aun adorando a los niños y deseando su felicidad, no soy partidaria del *laissez faire* incondicional, de dejarles hacer todo lo que quieran. No creo que establecer unos límites sea lo mismo que ponerles cadenas. Tampoco soy contraria a las normas y al «no». Es más, considero que los límites son anclajes necesarios para el niño, unos cauces preciosos que, si están bien elegidos y no son, nunca, excesivamente rígidos, pueden garantizarle esa seguridad que muchos de nosotros, a causa de una educación excesivamente permisiva o excesivamente rígida, no hemos podido desarrollar. Si sé que adora los videojuegos de ordenador, por ejemplo, elijo algunos que sean apropiados para su edad y, permaneciendo a su lado en todo momento para controlar la situación, soy la primera en anticiparme a su necesidad y proponerle, un par de veces al día: «¿Jugamos con el ordenador? ¡Ven, vamos a encenderlo!». Al cuarto de hora o los veinte minutos me acerco, le pregunto si se lo está pasando bien y le digo: «Sigue jugando tranquilo, dentro de un rato vengo a avisarte para que lo apagues».

Diez minutos después me acerco de nuevo y le digo: «¡Din don! Ya estoy aquí: ¡hora de apagar el ordenador! ¿Por dónde ibas? Hum... estabas es un momento decisivo... Termina tranquilo. Yo me quedo aquí, esperando a que acabes. Luego lo apagas» (por lo general, la partida dura dos minutos más, tampoco hay que esperar horas). Anticipándote a su necesidad, evitando la rigidez y empatizando con él y con sus deseos conseguimos que el niño se sienta querido y entendido y que tenga más ganas de colaborar.

Con V., de hecho, ocurre justo eso: apaga el ordenador y nos ponemos a hacer otra cosa. Quien crea que esto es algo imposible o alejado de la realidad puede que nunca haya intentado hacerlo en serio. O, probablemente, se ha dirigido al niño dándole órdenes taxativas («¡Aquí se hace lo que yo diga!»), con impaciencia («¡A ver si lo convenzo pronto!»), con temor («¿Y si no lo consigo? ¿Y si no me hace caso?»), con nerviosismo e impaciencia («¡Qué fastidio! ¡Con todo lo que tengo que hacer!»).

En otras palabras, siempre que tengo que decirle que «no» lo hago con dulzura, intentando respetar sus ritmos y su punto de vista, dándole libertad para decirme que no está de acuerdo y respondiéndole que lo entiendo, pero permaneciendo firme (firme, no perdiendo la paciencia, con dureza o enfadada) en mi decisión. Y, dado que no se trata de una decisión arbitraria, él lo nota y lo aprecia. Si le digo, por ejemplo: «Dame la mano, no cruces la calle solo, lo hacemos juntos y así aprendes a hacerlo tú», él toma conciencia del peligro y me sigue naturalmente. Si le digo, en cambio: «¡Deja de jugar ahora mismo! ¡Obedece!», sin un verdadero motivo (no es la hora de la cena, no hay que salir, no hay ninguna otra diversión en perspectiva), él lo percibe y, probablemente, se rebelará ante mi orden (lo mismo puede aplicarse si nos pide una chuchería o ver la tele durante otros diez minutos: nadie se ha muerto por eso, son otras cosas, muy distintas, las que «matan» la infancia de un niño).

¿Y si no funciona? ¿Si V. se pone cabezota y dice que no quiere apagar el ordenador? ¿Si, peor aún, se echa a llorar?

Al principio, pasaba eso. No solo con él, sino con otros muchos niños. Es normal: si se sienten incomprendidos o no reciben la atención que precisan, tarde o temprano se desahogan, se rebelan, lloran, gritan, dicen que «no» ellos también.

Pero esta vez, con V., ya no estoy en la primera fase. Me siento absolutamente segura de mi decisión, así consigo mantener la calma. Sé que puede no parecer sencillo, pero me esfuerzo por hacerlo y por no perder la sonrisa amable de siempre (mensaje: «No te preocupes, yo no pierdo la calma, lo tengo todo bajo control; si tú, por el contrario, sí estás perdiendo el control aquí hay alguien dispuesto a acogerte y a manejar la situación»). No me alejo de él ni salgo de la habitación esperando (y confiando en) que pare. No. Me quedo con él, le miro a los ojos y le digo: «Cariño, ya sé que estás muy enfadado, te entiendo, tienes razón. No quieres salir con estos pantalones... ¡Qué fastidio!». ¿Y luego?

Luego espero junto a él, sentada o de pie, respiro hondo y me pregunto cuál será la motivación profunda que lo empuja a actuar así. En este caso, sé que en realidad el problema no son los pantalones, sino su necesidad de llorar y desahogar su rabia (a veces, en cambio, los niños lo hacen porque se sienten descuidados por sus padres en otros momentos del día).

Dejo que se enfade y luego le pregunto que por qué no quiere ponerse esos pantalones. Si me lo dice, bien; si no lo hace, no importa, no le insisto. A los pocos minutos la situación toma otro rumbo: V. ya no está tan nervioso, empieza a calmarse. Le digo: «Lo siento, pero hoy tocan estos pantalones. ¿Cómo podríamos arreglarlo? ¡Ah, ya lo tengo, no se me había ocurrido! Puedes salir en calzoncillos, ¿no? (se lo propongo sonriendo, para que se dé cuenta de que estoy desdramatizando la situación). No sé cómo no lo he pensado antes... Entonces ya estás listo: ¡ponte los zapatos y en marcha!» (si se le coge por sorpresa, después de que haya liberado la emotividad contenida, y el adulto no se pone nervioso, empatiza, no tiene altas expectativas y no da la sensación de estar burlándose de él, el niño se calma, se siente entendido, aceptado, y modifica su actitud). V. me mira, sonríe ante la idea de salir a la calle en calzoncillos. Yo insisto: «Venga, dame los pantalones, hoy me los pongo yo...» (se lo digo muy «seria»). V. me mira de nuevo, me quita los pantalones de las manos para ponérselos él, se pone los zapatos y salimos. ¿Qué enseñanza he extraído de esta experiencia que aún prosigue con alegría y de todas las anteriores, las que ya forman parte del pasado?

> Tengo la certeza de que es posible criar sin conflictos a un niño.

No perder la paciencia y empatizar es posible. Aprender del ejemplo es posible. Todo lo que sé es fruto de una atenta observación y de la práctica constante y paciente. Siempre que me he alejado de la naturaleza del niño, pensando que podía imponer mis criterios, he tenido problemas y he notado que faltaba una plena sintonía entre nosotros. Si, en cambio, sabes captar su naturaleza, sabes cómo escucharlos y cómo apoyarlos, los niños no tienen motivos para rebelarse: te siguen y te dan la razón.

Pero el punto fundamental para mí no es este: es conseguir crear el clima de confianza y estima necesarias para que el niño pueda reflejarse en nosotros, en el superhéroe que todos llevamos dentro, y reconozca, al tiempo, *sus* cualidades de superhéroe, *sus* talentos, *sus* debilidades (todos los superhéroes las tienen), aprendiendo a manifestarlas, a gestionar sus propias emociones, a divertirse y también a asumir sus propias responsabilidades. En una palabra, a convertirse en un adulto maduro y consciente de sí mismo.

Esta breve historia, extraída de mi experiencia personal, demuestra que es posible ser comprensivos con las necesidades del niño, aceptarlas y, al mismo tiempo, mantenernos en nuestro papel, poniendo límites y diciendo que no.

De la historia anterior podemos deducir ya los puntos fundamentales —los *instrumentos* de los que os podréis servir para mejorar la relación con vuestro hijo— que tendréis ocasión de profundizar en el libro:

— *Emplead la paciencia y mostraos disponibles*: estos dos aspectos del amor son fundamentales para que empiece a fiarse de vosotros y continúe haciéndolo.
— *Evitad reaccionar y sonreíd más*: una reacción emocional (por ejemplo, enfadarse o ponernos nerviosos) es indicio de debilidad. Aceptar vuestras emociones, «acogerlas», por así decirlo, y ser capaces de gestionarlas, en cambio, no. Vuestro hijo aprende con el ejemplo.
— *No pretendáis que haga algo a la fuerza*: los niños no dan nada por sabido y no son marionetas. Les gusta colaborar y seguirnos, pero solo lo hacen si se sienten respetados.

— *Mostraos dispuestos a acoger sus necesidades*: si ahora observa que le escucháis y acogéis y comprendéis sus necesidades, de mayor será capaz de hacerlo él también. Y además, ¿para qué estáis en la Tierra si no es para servir de apoyo a vuestro hijo mientras aún no pueda arreglárselas solo?
— *Anticipaos a la necesidad*: percibir cuáles son sus necesidades y satisfacerlas no es mimarlo, sino hacer que se sienta considerado y querido. La privación no vuelve más fuerte a nadie, al revés, nos hace frágiles y rencorosos (basta con observar la sociedad en la que vivimos para darnos cuenta de ello).
— *Practicad la danza del sí*: llamamos así a la gestión «pacífica» de los momentos en los que no tenéis más remedio que decirle que no (más adelante, veremos en detalle en qué consiste).
— *Cuando juguéis juntos, dejad que os guíe él*: a través del juego vuestro hijo expresa su creatividad y necesita verificar sus intuiciones.
— *Escuchadlo, miradle a los ojos*: la comunicación y la comprensión recíprocas mejoran y vuestro hijo se siente más querido y considerado.
— *Permitidle hacer muchas cosas con vosotros*: los niños aprenden por imitación, los juegos con reglas no aportan nada al aprendizaje. Dejadle que os observe y que imite lo que hacéis.
— *Dejad madurar el cambio con constancia y perseverancia*: nadie ha dicho que secundar la naturaleza de vuestro hijo vaya a ser fácil o algo de resultado inmediato, pero si perseveráis en ello, los frutos que recogeréis serán maravillosos, inesperados y duraderos.
— *Construid su afecto y su confianza hacia vosotros*: todos los momentos son buenos para que vuestro hijo os observe y se haga una buena o una mala idea de vosotros. Aprovechadlos.
— *Manteneos firmes en vuestras decisiones*: evitad cambiar de idea, aunque penséis que os habéis equivocado. Procurad

no equivocaros, pero tened en cuenta que para vuestro hijo lo más importante es notaros seguros con respecto a lo que hay que hacer.

— *Decid «no» con dulzura, teniendo en cuenta sus ritmos, sus necesidades y su estado de ánimo*: no hay razón alguna para ser duro, incluso cuando se tiene que decir que no. Si os ponéis nerviosos es un problema vuestro y la respuesta del niño no varía (si le decís que no enfadados no tenéis más posibilidades de que os haga caso, solo más posibilidades de que se asuste y pierda la confianza en vosotros).
— *Captad la motivación profunda de sus «no» o de sus rebeliones*: es uno de los instrumentos fundamentales para resolver rápidamente los conflictos e impedir que se generen. Más adelante tendremos ocasión de profundizar sobre este tema.
— *Evitad identificaros con los conflictos*: comprendedle seriamente y luego bromead sobre el tema, desdramatizad la situación (no su estado de ánimo). De esta forma lo ayudáis a no identificarse con las situaciones y le enseñáis a respetar siempre sus sentimientos.
— *Eludid la rigidez, buscad la comprensión*: si empatizáis con él y con sus necesidades, vuestro hijo se siente amado, entendido y naturalmente animado a colaborar.
— *Prevenid dirigiros a él con expectativas concretas, con impaciencia o nerviosismo, mostrando debilidad o inseguridad*: sabemos que es la parte más difícil (de hecho, te daremos algunos consejos al respecto en los siguientes capítulos), pero esforzarse en permanecer neutral da frutos impagables, pues le hace sentirse protegido, no culpable o acusado de algo.

Los puntos que os acabamos de enumerar no son instrumentos mágicos ni tampoco quimeras. Son aproximaciones sencillas que respetan la naturaleza del niño y que ya han ayudado a millares de madres y padres a mejorar la relación con sus hijos.

¿Por qué es tan importante la relación que establecéis con vuestro hijo?

Porque es justo eso lo que decide que se produzcan o no las tan odiadas rabietas (y no solo).

> La relación con vuestro hijo es el germen de su vida futura, su autonomía y su madurez.

Desde el momento mismo en que vuestro hijo entra a formar parte de vuestra vida, desde el instante mismo de la concepción, todo está basado en una relación. Cuando os miráis, cuando jugáis, cuando él tira el jarrón de porcelana mientras uno de vosotros está en la cocina preparando la cena, cuando él está con los abuelos y vosotros trabajando, cuando os hacéis mimitos, cuando os peleáis, cuando estáis fuera y él en casa, incluso cuando no estáis juntos, vuestra relación siempre está viva. Porque vosotros sois vosotros, y las cosas que hacéis y que vuestro hijo observa influyen más que cualquier otra cosa sobre su educación. Vuestra conducta y vuestras emociones pueden marcar una gran diferencia. *Verbal o no verbal, consciente o inconsciente, la comunicación entre vosotros siempre está activada y no tiene la tecla* off: *una vez encendida, arde o ilumina para siempre.*

Es posible que viváis esto como una pesada losa, como una tremenda responsabilidad. Nosotros os sugerimos que lo veáis como un regalo y una oportunidad. Un regalo porque estar con niños es una auténtica escuela de vida (por ejemplo, nos enseñan a hacer las cosas divirtiéndonos y a vivir el presente, algo a lo que los adultos ya no estamos acostumbrados). Una oportunidad porque si sabéis que él aprende imitándoos, el hecho de darle buen ejemplo os ayuda a apartarlo del mal camino.

Nosotros lo hemos experimentado personalmente en muchos casos, tantos que ya nos resulta casi imposible hablar de casos aislados. Recordamos, por ejemplo, a A., siete años. Un niño alérgico a todo tipo de regla: se escapaba, pegaba a los más pequeños, rompía todos los juguetes que veía, soltaba tacos y se autolesionaba. Puede que os parezca increíble, pero para nosotros esa es una de las situaciones más sencillas de resolver. ¿Por qué?

Porque, además de la necesidad inicial de dedicarle mucha atención, A., simplemente, había pasado los primeros siete años de su vida con personas que se portaban exactamente como él: adultos que decían tacos, se hacían daño a sí mismos consumiendo drogas o alcohol, desperdiciaban todas las oportunidades que les surgían, pegaban y castigaban a los más pequeños (sus dos hijos). Bastaba con cambiar su modelo de imitación para conseguir que esta tomara sus nutrientes de otro terreno.

Eso fue, en efecto, lo que ocurrió: en unos pocos meses, A. era otro, aunque quizá sea más preciso decir que por fin era él mismo, un niño dulce, cariñoso, travieso y con muchas ganas de jugar (el derecho natural de todo niño), dispuesto a compartir su tiempo con niños de su edad, pero a vivir también momentos de calma.

Demos gracias a la naturaleza por habernos inventado así

Este libro no es un manifiesto dirigido a las familias: no pretende daros nuevas fórmulas o reglas que seguir. No es el decálogo de un método educativo recién descubierto, clínicamente probado y avalado por estudios científicos. No pretendemos ni intentamos convencer a nadie.

Aparte de las historias extraídas de nuestra experiencia, no encontraréis referencias que os remitan a estudios que avalen nuestra tesis. También porque no tenemos una tesis propiamente dicha.

Cuando alguien nos da las gracias, nos limitamos a responder que en realidad no es a nosotros a quien hay que dárselas.

> Es a la naturaleza a la que debemos dar las gracias por habernos hecho así. Por un lado, ha creado niños a los que educar en el amor y la sencillez. Por otro, a padres capaces de cuidar de sus hijos sin condicionamientos.

A veces nos encontramos con gente que, en voz baja, nos dice: «¿Sabes?, eso que has dicho antes, ese ejemplo que has puesto sobre cómo acoger al niño... En realidad, eso se llama aproximación *psicoalgo...*», casi como si tuviéramos que relacionar a la fuerza lo que hacemos con un método testado o puesto a punto por alguna ciencia concreta.

Si eso es lo que estáis buscando, os sugerimos que no sigáis leyendo: perderéis un tiempo precioso que podéis emplear de forma más constructiva. Si, en cambio, queréis conoceros mejor a vosotros mismos y a vuestro hijo, si queréis relacionaros con él eficazmente y sin perjudicarlo, si queréis entrar al trapo y convertir la responsabilidad de ser padres en algo agradable y liviano, no en algo pesado y complicado, si queréis que emerjan las capacidades que ya poseéis para convertiros en unos padres mejores y lograr que vuestro hijo aprecie más vuestra labor, entonces estáis en las manos apropiadas. Juntos haremos un excelente trabajo y el reconocimiento que leerás en la mirada de vuestro hijo os recompensará por todos los esfuerzos iniciales.

Empezamos...

3

LOS PRINCIPIOS DE LA MADRE NATURALEZA (QUE FACILITAN EL DIFÍCIL OFICIO DE SER PADRES)

DIARIO DE ROBERTA

LA FÓRMULA MÁGICA

Había una vez, en el principio de los tiempos, una ancianita que vivía sola en la Tierra. Tenía el cabello blanco, con hilos de plata, pequeñas gafas redondas por las que asomaban dos ojillos avispados y azules, una sonrisa límpida y radiante que le iluminaba la cara. Se pasaba el día en los bosques, en las colinas o en las playas, en compañía de las hadas, los gnomos, los duendes... La llamaban Madre Naturaleza porque había sido la primera en habitar nuestro pequeño planeta cuando todavía no existían los colores y todo permanecía en blanco y negro. Ella lo había llenado de flores, frutos, animales, ríos, lagos, cascadas... pero todavía faltaba algo.

Madre Naturaleza soñaba con una Tierra poblada por una infinidad de niños, criaturas angelicales a las que ofrecerles amor, cobijo y un bellísimo lugar en el que jugar, aprender, reír, ser felices, manifestar sus talentos y realizar sus aspiraciones. Pasaba los días imaginando un mundo repleto de inocencia, imaginación, inteligencia, risas, alegría. De vez en cuando nuestra querida ancianita se preguntaba qué haría falta, además de su apoyo eterno y del paraíso natural que había creado, para que los niños se sintieran tan a gusto como para crecer, realizarse y servir un día de ejemplo a los otros niños que los sucedieran. Consultó a los gnomos, los custodios de la Tierra, que conocen las necesarias cualidades del realismo y de la disciplina. Interrogó a las sirenas que pueblan los mares y que saben más que nadie de emociones y de sentimientos. Por último, pidió también su parecer a las hadas del bosque, que, por su naturaleza, pueden leer en el corazón de los niños y amarlos cálidamente.

Por fin, un buen día, llegó la respuesta que esperaba. Al anunciarla, sus fieles consejeros se quedaron perplejos: ¿de verdad que esos eran los ingredientes que hacían falta para convertir el sueño en realidad? ¿Y si algo fallaba? Pero ella era Madre Naturaleza, sabía lo que se hacía y, a la vista del entusiasmo y la firmeza con los que defendía su sueño, no pudieron sino secundarla y apoyarla. Fue así que Madre Naturaleza empezó a enumerar las cosas que necesitarían aquellos angelitos. Su energía, dijo, se conservaría intacta solo gracias a alimentos frescos, naturales y nutritivos; para realizar sus proyectos y conseguir que el planeta resplandeciese de alegría, era importante que aquellas criaturas conservasen intacta su salud.

Pero eso no era suficiente. Según su infalible intuición, a la fórmula mágica le faltaban todavía tres ingredientes. Los angelitos llegarían a la Tierra inmersos en su encantadora inocencia y, para habituarse a la vida sobre el planeta, necesitarían mucho más. Por ejemplo, a alguien similar a ellos que llevase más tiempo en la Tierra y les pudiese dar todo el cariño, el apoyo y el buen ejemplo necesarios. Hacían falta complicidad, capacidad para respetar su naturaleza, destinada a cambiar con el paso del tiempo, una cierta madurez y una especie de estabilidad moral. ¡Hacían falta unos padres! Madre Naturaleza, que era una ancianita muy optimista y, al mismo tiempo, realista, decidió que también haría eso: encendería esa chispa eterna en el corazón de los niños ya convertidos en adultos...

Con que ellos lo deseasen de verdad y abrieran su corazón, bastaría: la chispa se convertiría en una llama capaz de dar calor sin quemar. Los niños estarían protegidos, guiados, amados y apoyados, y a todas las madres y todos los padres les bastaría con observar una flor y oler su perfume para captar su sentido, para leer en cada pétalo qué camino seguir...

Al tomar la decisión de tener un hijo habréis vivido, probablemente, un momento de inmensa felicidad, lleno de esperanzas y proyectos. Y si no estaba «programado», es probable que también hayáis empezado a pensar en él como en algo hermoso, una bendición.

Con el paso del tiempo, es igual de probable que, en algunos momentos, os hayáis preguntado: «¿Cómo no me lo pensé dos veces? ¿Dónde ha ido a parar toda la poesía que veía al principio? ¿Cómo voy a hacer planes para su futuro si estoy muerta (o muerto) de cansancio y me paso el día cambiando pañales y gestionando mi ansiedad?».

Os entendemos. Del dicho al hecho media un océano. Hay un abismo enorme entre la maternidad o la paternidad ideales y la realidad cuando uno se ve catapultado a una rutina diaria de noches en vela, papillas, rabietas, decisiones que tomar, dudas, incertidumbres, cansancio, frustración y miedo a equivocarse.

Sin duda, no os faltan los momentos de alegría, pero si alguien os pidiese que afirméis que ser padres es pan comido, probablemente responderíais: «¡Ay, no, no puedo decir eso!».

¿Y si os dijéramos que, en cambio, es posible ejercer el papel de padres de forma sencilla y satisfactoria, que existe una forma para hacerlo?

Porque así es: existe una forma.

No se trata de un descubrimiento de última generación. En realidad, no se trata ni siquiera de un descubrimiento sino, más bien, de una toma de conciencia y de la capacidad para valorizar algo que todos nosotros estamos perfectamente capacitados para hacer, siempre y cuando nos familiaricemos con las capacidades de las que nos ha dotado Madre Naturaleza y nos tomemos el tiempo necesario para observar mejor a nuestros hijos.

Su esencia se expresa ya desde la forma misma en la que juegan, lloran o ríen, en lo que dicen o indican y en cómo lo hacen: todo esto nos revela siempre qué necesitan para estar bien, para ser felices y para hacer caso de buen grado a los padres.

Para educarlos y criarlos, Madre Naturaleza estableció algunos principios inmutables que, si los seguís, os permitirán:

— *Eliminar toda duda* acerca de qué es lo mejor que podéis hacer por vuestro hijo, por ejemplo, si ya es el momento adecuado para quitarle el pañal, para que duerma solo o para dejarle salir con los amigos.
— *Secundar sus fases de crecimiento naturales* sin correr el riesgo de hacer algo demasiado pronto o demasiado tarde. Hoy en día, por ejemplo, se tiende a responsabilizar mucho a los niños entre los cero y los siete años de edad y a proteger excesivamente a los adolescentes. Lo ideal, en cambio, sería hacer justo lo contrario.
— *Hacer las cosas más apropiadas en el momento apropiado* y, por tanto, vivir en armonía, ganar un tiempo precioso, lograr que vuestro hijo se sienta querido y respetado, ahorrándoos las numerosas situaciones en las que expresa su disgusto (rabietas y caprichos incluidos).

Los hijos no son los únicos que han nacido para ser felices. También los padres han nacido para ser felices, no para ser las víctimas, sin ellos saberlo, de mecanismos que tienen muy poco que ver con la verdadera naturaleza del ser humano. Albert Einstein decía: «Todos los hombres son genios, pero si se juzga a un hombre por su capacidad para trepar por los árboles se pasará toda su vida creyendo que es un estúpido». La frase también puede aplicarse a vosotros. Vosotros también sois unos padres excelentes; si os habéis acostumbrado a educar a vuestro hijo con métodos que no están en sintonía con su naturaleza, que no os permiten obtener el resultado esperado o ante los que él se rebela con excesiva frecuencia, bueno, pues no sois vosotros los que os equivocáis.

Nuestro trabajo consiste precisamente en eso: en recordaros lo que ya sabéis de forma innata. Puede que penséis que se trata, un poco, como de descubrir que existe el agua caliente, pero a veces las cosas más simples son las más difíciles de descubrir y, a veces, necesitamos que alguien nos recuerde cómo se abre el grifo. Una cosa es segura: si empezáis a seguir vosotros también las leyes que la Madre Naturaleza ha previsto para la crianza de los niños cada vez habrá menos momentos en los que os sintáis incapaces o superados tras un día entero discutiendo y dando órdenes sin resultado alguno.

¿Cuáles son los principios de la Madre Naturaleza?

Son cosas simples que vosotros también podéis observar a diario en vuestro hijo, siempre y cuando no os dejéis ofuscar por la ansiedad, los condicionamientos, los prejuicios, la prisa, el nerviosismo o los miedos.

Primer principio según la naturaleza: la observación

El primer principio es justo el de la observación: los niños no son jarrones vacíos que hay que llenar, sino cofres llenos de proyectos, talentos y deseos que deben expresarse, manifestarse y realizarse. Si observáis con atención y sin prejuicios a vuestro hijo mientras ríe, juega, llora, duerme, come, grita, habla o pide mimitos, conseguiréis entender siempre qué es lo que necesita y qué le pasa y, por lo tanto, os resultará fácil secundarlo.

Nuestro problema es que hoy estamos convencidos de que los niños son criaturas a las que hay que instruir, informar, modelar siguiendo reglas y conductas abstractas que nos han transmitido, y este es uno de los primeros grandes obstáculos para un padre o una madre que quiera establecer una relación armoniosa y auténtica con su hijo.

Vuestro hijo es un jarrón que ya está lleno. Esto puede aplicarse también a las situaciones en las que tiene que aprender o acostumbrarse a una novedad: en su interior se forman impulsos e intuiciones sobre cómo actuar o por qué hacer unas cosas sí y otras no. Cuando lo veáis interesado en algo o absorto en una actividad concreta, por ejemplo, jugando durante horas con el mecano, solo está llevando a la práctica, experimentando y verificando algo que ya ha ocurrido en su interior. Apoyadlo siempre: la posibilidad de verificar en el exterior lo que ya ha visto en su interior es uno de los pilares para mantener altas su autoestima y su confianza en sí mismo.

Quizá os resulte más fácil entenderlo si pensáis en esto: vuestro hijo no recibe lecciones o instrucciones vuestras para aprender a comer, a hablar, a caminar, a correr, a observar o a coger algo. Y, sin embargo, con el tiempo, aprende a hacerlo y lo hace perfectamente. Vosotros, simplemente, le servís de ejemplo y le secundáis. ¿Por qué no aplicar el mismo discurso a todas las cosas que le quedan por «aprender»?

Segundo principio según la naturaleza: absorción incondicionada e imitación

Existen otros dos instrumentos que la naturaleza ha previsto para el niño a la hora de aprender (desde las cosas más básicas, como comer, moverse, aferrar objetos, cortar, escribir o leer, hasta las más complejas, como acoger los sentimientos, expresar emociones, usar cierto tipo de lenguaje, interactuar con los demás, etc.): la absorción incondicionada y, sobre todo, la imitación.

El niño, sobre todo durante los siete primeros años de vida, absorbe de forma incondicionada todo lo que vive y percibe en el ambiente familiar que le rodea (sobre todo de sus padres). Es como una esponja sumergida en un cuenco de agua que no puede elegir si quiere estar seca o mojada, ni siquiera cuánto quiere empaparse, así que absorbe todo lo que ocurre en el exterior sin conseguir filtrarlo.

Absorbe la conducta de sus padres, sus costumbres, sus emociones, sus pensamientos, su forma de actuar. Si estos son adecuados, equilibrados, serenos, afectivos, eficaces, también lo serán los suyos. Un mecanismo perfecto y maravilloso que permite a cada individuo aprender muchísimo en poco tiempo aunque disponga de recursos y competencias reducidas (como pueden ser las suyas, comparadas con las de un adulto).

Pero vuestro hijo no se limita a eso.

> Vuestro hijo os imita. Además de absorber lo que vive, experimenta el fortísimo impulso de imitar a sus adultos de referencia en todo lo que hacen.

¿Cuántas veces lo habéis visto ir detrás de vosotros diciendo: «Yo también», «Yo quiero», «Quiero hacerlo yo también»? Este deseo/necesidad imperioso de imitar a las personas en las que confía es otro grandioso instrumento que le permite aprender muchísimas cosas divirtiéndose, sin esfuerzo y de forma natural. Procurad que pase mucho tiempo con vosotros y, siempre que sea posible, dejad que haga lo que hacéis vosotros (a su manera, jugando y divirtiéndose).

Tercer principio según la naturaleza: las fases del crecimiento

Otra característica importante que nos define como individuos es que nuestro crecimiento sigue unas etapas muy precisas y definidas.

Cada edad tiene sus necesidades específicas y desarrolla competencias diferentes: no es cierto que dé igual una edad que otra. Para nosotros, los adultos, este malentendido representa con frecuencia un gran obstáculo. Si ignoramos las necesidades y competencias de cada edad, nos arriesgamos a pretender de nuestro hijo cosas o conductas que no tienen nada que ver con su fase de crecimiento.

¿Cuántas veces, por ejemplo, hemos visto a niños de tres o cuatro años sometidos a las férreas reglas de los adultos (con el resultado de que no entienden nada y siguen teniendo rabietas) y, en cambio, a adolescentes tratados como si aún fueran unos críos («Trae, yo te plancho la camiseta», «Estás cansado, te llevo yo al colegio en coche», «Nada de trabajillos extra, te subo la paga», «Tú piensa solo en estudiar y en divertirte, yo no pude a tu edad»), que corren el riesgo de convertirse en adultos sin iniciativa, sin sentido de la responsabilidad y sin autoestima?

¿Cuáles son las fases del crecimiento y cómo se subdividen? A riesgo de pecar de esquemáticos (solo por razones prácticas) podemos decir que los individuos siguen ciclos de siete años. En este libro te hablaremos de los tres primeros, que van desde la concepción hasta el inicio de la madurez: 0-7 años, 7-14 años y 14-21 años. La vida no es tan esquemática: en la realidad, el paso de una fase a otra es más lento. Entre la primera y la segunda, por ejemplo, el cambio no se produce nada más cumplir el niño los siete años, sino en unos pocos o muchos meses, dependiendo del niño y de sus circunstancias (entre los 6-7 años y los 7-8 años).

Veamos ahora las características de estas fases:

1. De los 0 a los 7 años: la fase egocéntrica de la imitación

Durante los primeros siete años el niño debería sentirse el centro de su mundo, es decir, el centro del amor de sus padres. Es como un gran *organismo de sensibilidad* en el que predominan la fisicidad y las sensaciones.

En el proceso de aprendizaje, intuye que hay una verdad en su interior (igual que cuando al personaje Ungenio Tarconi se le enciende una bombilla en la cabeza) y luego siente una necesidad imperiosa de verificarla y de experimentarla. Por eso lo toca todo, tira al suelo cualquier cosa, quiere ir y meterse en todas partes. Es normal que *considere que todo es suyo* y que está a su entera disposición: si le llamamos egoísta porque no quiere prestar sus juguetes a los amiguitos, si le decimos que tiene que esperar o que no puede tenerlo todo, estamos obstaculizando su maduración afectiva.

A esta edad vuestro hijo *aprende exclusivamente imitando*: todo lo que vosotros hacéis, sentís o pensáis pasará a formar parte de su bagaje vital. Es como una esponja que absorbe e interioriza todo lo que procede del ambiente exterior: aprende rápidamente, sin posibilidad de filtrar (por eso lo repite todo y asume las actitudes de los adultos que trata).

2. De los 7 a los 14 años: la fase del florecimiento

El niño sale lentamente del capullo para abrirse al mundo. Interioriza el hecho de que es un individuo único, distinto e interdependiente con respecto a los demás: es como un brote que empieza a florecer. En estos siete años todos nosotros desarrollamos nuestra *polaridad sexual*, presente, en potencia, desde que nacemos: si somos mujeres, desarrollamos lo femenino (maternal); si somos varones, lo masculino (paternal).

Por esto es útil que el niño pase mucho tiempo con el progenitor de su mismo sexo, para integrar a través de su ejemplo todas las características de su polaridad. Son los años en que desarrolla la capacidad de *sentir*. Ya no es una esponja que lo absorbe todo y carece de filtros: empieza a escucharse, a observar, pretende asimilar la verdad de los adultos que respeta (gracias al amor incondicional, a la disponibilidad y al apoyo que ha recibido de ellos en la fase precedente). Al crecer no se limita a imitar: también quiere estimar a la persona de la que extrae sus enseñanzas, eligiéndola cuidadosamente de entre aquellos por los que se ha sentido especialmente amado y respetado en los años anteriores. En esta fase no pierde las ganas de descubrir y de aprender, experimentando en la práctica sus intuiciones. Secundarlo en esta necesidad es un excelente punto de partida para hacerle sentirse libre, pero dispuesto a respetar las normas y los límites impuestos por el exterior.

3. De los 14 a los 21 años: la fase de la voluntad

En esta fase madura la *polaridad opuesta* a la nuestra. Las mujeres desarrollan su parte masculina, los varones su parte femenina. Son los años del acercamiento, de la comunicación y del conocimiento entre los sexos: los primeros enamoramientos, las primeras salidas en grupo, las citas para estudiar con otros compañeros de clase, etc. (a diferencia de la segunda fase, en la que los chicos solo juegan con otros chicos y las chicas con otras chicas, tildándose, respectivamente, de «cursis» y «brutos». En realidad, si los adultos le transmitiésemos a nuestros hijos una imagen más cariñosa y menos estereotipada del otro sexo se establecería entre ellos una relación neutral, más de indiferencia que de rivalidad).

En esta fase vuestro hijo se siente seguro y quiere expresar al mundo su *voluntad* y su esencia con determinación y confianza. Está dispuesto a formarse una moral propia y a ofrecer un juicio personal, si se le pregunta. A los adolescentes les gusta asumir responsabilidades, sentirse partícipes, activos e independientes al crear proyectos o al llevar a cabo una tarea. Necesitan ser escuchados sin ser juzgados (aunque sean distintos a nosotros) porque están llevando a cabo el proceso de florecimiento que los convertirá en seres únicos e inimitables.

4. ¿Y qué pasa después de los primeros 21 años?

Al final de esta primera parte del recorrido, si todo ha ido bien, vuestro hijo se ha convertido en un adulto maduro: es *consciente de sus aptitudes*, de sus deseos y de su proyecto vital, sabe crear estrategias para lograr sus *objetivos* y sabe tener paciencia y confiar en que todo se realizará según lo siente. Está solo a los pies de una montaña, el resto del recorrido será en cuesta, pero ya posee los *instrumentos* necesarios para hacer un ascenso perfecto: sabe cuándo tiene que detenerse para descansar y cuándo tiene que rendir al máximo, sabe qué cuerdas y qué botas usar, no está desprevenido, vive cada instante, saborea el aire, disfruta del paisaje sin cansancio y sin esfuerzo...

Cuarto principio según la naturaleza: sentido y sensibilidad

A veces obviamos otras dos características esenciales. Los niños son hipersensibles a la vida, a las emociones, a los sentimientos: desarrollan una empatía natural con las plantas, los animales y los seres humanos, ya sean adultos o de su edad. Son respetuosos, colaboradores, amantes de la belleza, de la bondad, de la justicia.

Son sensitivos: captan los pensamientos de las personas que los rodean, sus emociones y sus estados de ánimo, llegando, con frecuencia, a anticipar y verbalizar los acontecimientos antes de que se produzcan. En mayor o menor medida, todos los niños disfrutan de estas características innatas. El problema es que los adultos no lo saben y piensan que son una máquina a la que hay que poner en marcha, un pequeño «salvaje» al que hay que adoctrinar, que tiene que aprender a comportarse para poder estar en el mundo (prejuicios y condicionamientos que tienen muy poco que ver con la naturaleza y las necesidades del niño).

La consecuencia es que, con frecuencia, el niño se pliega al prototipo que le viene impuesto.

¿Por qué se adapta a todo lo que los adultos quieren de él (aunque de vez en cuando se rebele, con frecuencia a través de las rabietas, precisamente)? ¿Por qué renuncia a su naturaleza para homologarse a la imagen que los adultos querrían o tienen de él? El motivo es muy simple: tiene una desesperada necesidad de amor. Sí, el amor, esa extraña cosa que hoy, pese a milenios de evolución, los adultos seguimos sin entender del todo, sin saber cómo describir y muchas veces incluso cómo manifestarlo.

> Más que reglas, explicaciones, moralinas, castigos o incitaciones tipo: «¡Venga! ¡A ver si puedes hacerlo tú también!», vuestro hijo necesita atención, amor, amparo, apoyo y comprensión.

Si se da cuenta de que no recibe las atenciones que desea y que estas son sustituidas por juicios de valor, comparaciones, incomprensiones o «sermones», tiende a dudar de sí mismo y se convence de que el problema es él (aunque no sea así). Con tal de recibir amor y sentirse gratificado, acaba por olvidarse de sí mismo para adaptarse a lo que sus padres quieren de él. Es el caso de los niños que no expresan sus sentimientos y que enferman por ello, que están siempre callados y quietecitos, pero que luego balbucean o desarrollan tics, que sonríen y aseguran que todo va bien, pero sufren alergias o bronquitis crónicas, que intentan adaptarse como sea pero son definidos como hiperactivos, que eligen la carrera o el trabajo que les gusta a sus padres y luego se alienan con alcohol y porros.

Es probable que tengan que pasar años hasta que los adultos se convenzan de que un niño, cuando llora, llora de verdad; de que necesita realmente que sus padres le dediquen todo su tiempo y su amor; de que si quiere pasarse el día entero jugando no está haciéndose el listillo para rehuir sus responsabilidades; de que si dice que no quiere ir al colegio no es porque sea un borrico; de que si tiene rabietas no es porque le falte un tornillo. Lo que ocurre es, simplemente, que es un niño, e impedirle que viva su infancia es uno de los primeros crímenes que cometen los adultos, no solo contra la humanidad sino, sobre todo, contra sus propios hijos.

«¡Yo no tengo tiempo para estas sutilezas!»

Cuando hablamos de educar a un hijo siguiendo los principios de la naturaleza muchos padres nos persiguen luego por los pasillos diciendo: «Sí, sí, todo esto es muy interesante y no digo que no esté de acuerdo, ¿pero cómo voy a pensar en estas sutilezas? ¡No tengo tiempo! ¿Sabéis lo que es pasarse todo el día con un niño, peor aún, con dos, tres, cuatro a la vez? ¿Sabéis lo que es volver agotados del trabajo y tener que ocuparse de la casa y también de ellos? ¡Bastante hago intentando que se porten bien, vigilándolos para que no se hagan daño, gestionando sus rabietas y sus exigencias!».

Es cierto. Os entendemos perfectamente. Estamos convencidos, de hecho, de que primero hay que resolver los problemas del día a día, y, solo en un segundo momento, ocuparse de las sutilezas. Por otra parte, es lo que pasa con todo: si quieres preparar un plato exquisito tienes que contar con los ingredientes adecuados y, además, tener la cocina limpia; si quieres cultivar buenas verduras tendrás que tener un terreno arado y fertilizado, sin malas hierbas ni parásitos nocivos; si quieres que el maquillaje se fije bien, antes tendrás que lavarte bien la cara e hidratarla con una buena crema.

Con vuestro hijo ocurre lo mismo: para poderos permitir el lujo de mejorar vuestra relación con él, de preparar una buena comida para los dos o de recurrir a remedios naturales cuando tenga tos o fiebre, es fundamental que no haya malas hierbas ni en vuestro interior ni en vuestra vida cotidiana. Y si tenéis que pensar en cómo tratarlo mientras hacéis la comida, si os pasáis todo el rato separándolo de su hermana para que no se peleen, obligándole a que haga los deberes o diciéndole: «Eso no se hace, eso no se toca», es imposible, qué duda cabe, tener el ánimo, la serenidad y el tiempo necesarios para dedicaros a otra cosa.

Antes que nada, pues, tenemos que ayudaros a resolver la gran plaga de las rabietas y de las luchas de poder que vuestro hijo lleva a cabo para haceros perder el tiempo y la paciencia (en realidad no es así, pronto descubriréis el porqué). Saber siempre cómo actuar cuando él patalea, dice que «no», grita u os desafía ofrece, desde un principio, muchas ventajas:

— *Más tiempo jugando* con él que dando gritos.
— *Más tiempo para las faenas de la casa* o (mejor aún) para descansar y relajaros.
— *Más afecto y más confianza en vosotros* por parte de vuestro hijo, que a partir de ahora estará mejor predispuesto a haceros caso.
— *Más serenidad y más puntos a favor de vuestra autoestima*: si sois un pez y os juzgan por cómo nadáis podréis sentiros, por fin, un Michael Phelps.
— *Menos ansiedad y menos estrés*: si sabéis siempre cómo actuar y comprobáis que funciona, la seguridad en vuestra forma de actuar aumenta.
— *Menos incomprensiones*: si conocéis mejor la naturaleza de vuestro hijo, sabéis cómo responder perfectamente a sus necesidades y él os lo confirma, tanto con palabras como con su forma de actuar. Es como cuando se viaja al extranjero. Si vais a China y sabéis algo de chino, es probable que os las arregléis con facilidad. Si, por el contrario, solo habláis un dialecto, os tomarán por extraterrestres y vosotros pensaréis lo mismo de ellos, poniéndoos nerviosos porque no os entienden y no os hacen caso, y estaréis deseando volver a casa lo antes posible.

> Vuestro hijo y vosotros sois perfectos tal y como sois. Vosotros podéis aprender a entenderlo mejor sin inhibir su naturaleza. Él puede expresarse como es sin miedo a ser castigado por ello o a que no le entiendan las personas a las que más quiere en el mundo: su mamá y su papá, sus dos grandes superhéroes.

4

SI OS ENCONTRÁIS A VOSOTROS MISMOS, ÉL TAMBIÉN SE ENCUENTRA A SÍ MISMO (Y LOS CONFLICTOS DESAPARECEN)

DIARIO DE ROBERTA

EL MURO DE C.

Hace cerca de un año empecé a tratar a una madre de cuatro hijos; las edades de los niños estaban comprendidas entre los dos y los quince años. Todavía recuerdo nuestro primer encuentro en la consulta: ella estaba sentada ante mí, intentando llevar las riendas de nuestra conversación con la postura, la mirada y las palabras. No dejaba de repetirme, con más insistencia de la debida, que estaba enfadadísima, agotada, harta de que nadie la ayudase y de tener unos hijos tan descontrolados y tan ingratos. No entendía por qué la vida era tan injusta con ella, dado que ella no tenía nada que reprocharse.

Cada vez que intento entrar en la conversación y continuar con la terapia –la señora, en el fondo, ha pagado para que yo le dé una serie de consejos eficaces–, ella, impertérrita, alza el tono de voz y continúa desgranando la lista de problemas que le crean los demás, impidiéndome que intervenga. Cuando consigo retomar la palabra e intento enfocar la atención sobre ella, aparta la mirada para dirigirla fuera de la ventana, que da a un bosque, y me dice que mi discurso no resulta claro (a veces es incluso demasiado claro: en ese caso admite, sin problemas, que no me ha entendido, que estaba distraída...). Una persona difícil. Muy difícil. Tanto que, al acabar nuestro primer encuentro, yo soy la primera en pensar que no voy a poder ayudarla: es demasiado egocéntrica, vive demasiado ajena a sus responsabilidades, está demasiado poco dispuesta a que se ponga en tela de juicio cómo es o cómo se porta... Me despido de ella tras darle unos pocos consejos prácticos y algunas flores de Bach y le doy hora para dentro de un mes. Transcurrido el mes, allí está de nuevo, dispuesta a llevar una vez más la voz cantante. No me dejo engañar por los preliminares: sé que los mecanismos egotistas de nuestra personalidad intentan dominarnos con sus manías de grandeza y sabotear nuestra felicidad, pero también sé que en estos casos la vida siempre tiene escondido algún as en la manga. Y, en efecto... Animada por la mejora producida por los primeros consejos y las primeras flores de Bach, decido proceder como el agua con la roca y, entre pregunta y pregunta, apremio y apremio, intento abrir lentamente una brecha para llegar al núcleo del problema: su actitud victimista, rígida, a ratos hasta despectiva. C. empieza a aflojar: deja que fluyan sus emociones, los ojos empiezan a humedecérsele y, de repente, se echa a llorar. El muro se ha roto. A través de una serie de ejercicios en casa y con la ayuda de más flores de Bach, acepta iniciar una trayectoria de autoobservación para modificar su actitud y limar las aristas demasiado afiladas de su carácter. Estipulamos entre las dos los acuerdos del tratado: le pido que confíe en mí, aunque las cosas no vayan a cambiar de un día para otro, que continúe haciendo lo que le propongo aunque no entienda siempre el porqué, como si estuviese empezando a practicar un nuevo deporte. Le pido que, por un tiempo, aparte la mirada de sus problemas y de su opinión sobre sus familiares y que se concentre únicamente en sí misma, aunque el mundo que la rodea siga sin gustarle.

Ha pasado un año y pico, y desde entonces han ocurrido muchas cosas. C. se ha visto recompensada: ya no está ahogada por el rencor, por los juicios ajenos, las necesidades afectivas insatisfechas. Ha aprendido a conocerse a sí misma, a quererse y, sobre todo, a reconocer su parte de responsabilidad en los acontecimientos desagradables de su historia personal o en la conducta arisca y caprichosa de sus hijos. Ha tomado las riendas de su vida, ha conseguido construir una actitud más madura. Todo ello debería ser suficiente para hacer feliz a una persona, pero hay algo más, un detalle que ha sido ella misma quien me lo ha confirmado con gran satisfacción: a medida que modificaba su actitud y comprendía sus errores, a medida que conseguía mostrarse más neutral y más afectuosa, más disponible y menos crítica consigo misma y con los demás, las conductas conflictivas de sus hijos habían dejado de producirse, hasta el punto de empujarla a exclamar: «¡Parecen otros!».

Cuando vuelve a producirse algún conflicto (y es totalmente natural que eso ocurra en cualquier tipo de relación), C. ha aprendido a hacerle frente de forma autónoma, a entender los motivos por los que se ha producido y a solucionarlo en la práctica. Su caso, como el de muchos padres, confirma una certeza que tengo desde hace tiempo: si estamos dispuestos a cambiar, si empezamos a madurar afectivamente y a buscar nuestra felicidad, también nuestros hijos se encuentran a sí mismos. Cuando se alcanza este punto, ya no hay lugar para los conflictos: se desvanecen como el humo.

Los padres son el centro de todo

Os hemos contado la historia de C. y de su cambio para que veáis que, con frecuencia, el núcleo del problema está en nosotros, los adultos. Por eso queremos empezar partiendo de vosotros: ¿por qué?

Porque vuestro hijo es fundamental pero vosotros, como padres y como adultos, lo sois más: vosotros sois su guía y su punto de apoyo.

Estamos convencidos de una cosa: los niños no son una tábula rasa que hay que llenar de reglas, sino unas maravillosas partituras que deben abrirse e interpretarse con todo respeto y cuidado, haciendo vibrar su esencia y consiguiendo disfrutar de su maravillosa música. Paralelamente, sin embargo, también estamos convencidos de que ningún niño puede prescindir de la ayuda de un adulto. Cierto, dentro de sí mismo tiene ya todo cuanto puede necesitar: es como una semilla que la naturaleza hará florecer en el momento adecuado (no existen cursos para aprender a hablar, a andar, a comer, a mamar, etc.). Pero hasta la mejor de las semillas necesita un buen terreno para poder germinar: una fuente de amor, de apoyo y de seguridad, un ejemplo y una guía capaces de acompañarla en todas las fases de su crecimiento, al compás de sus exigencias.

¿Qué ocurre si el terreno es árido o pobre en sales minerales? La semilla, aunque sea de excelente calidad, no consigue germinar. A veces a los adultos también nos ocurre que nos sentimos inadecuados, faltos de energías o de los recursos necesarios para estar a la altura que requiere nuestro papel.

Vosotros también podéis sentiros un trocito de terreno seco e inhóspito, por ejemplo cuando:

— *Llegáis cansados* después del trabajo, de una jornada laboral más larga de lo normal o de haberos pasado todo el día limpiando, etcétera.
— *Estáis nerviosos* porque habéis tenido una discusión de pareja, vuestra suegra no se marchaba nunca, habéis tenido problemas en la oficina, etcétera.

— *No sois felices*, no estáis satisfechos con la vida que lleváis, hacéis un trabajo que no os gusta, os gustaría tener más dinero, más tiempo libre, estar más delgados, ser más guapos, etcétera.
— *Os preocupa no saber qué hacer*: vuestro hijo tiene fiebre, os parece que come muy poco, no duerme desde hace tres noches, no estáis seguros de haber escogido el colegio más adecuado, no sabéis si será bueno o no llevarlo a la guardería, etcétera.
— *Os sentís irritados porque no entendéis por qué se porta así*: es poco sociable, no os da la mano para cruzar la calle, solo quiere jugar, no os hace caso, no va bien en el colegio, se encara con vosotros, tiene problemas para dormirse, tiene problemas para despertarse, dice que no a todo, habla demasiado, habla muy poco, etcétera.
— *Teméis equivocaros*: todas las mañanas llora cuando lo dejáis en la guardería y vosotros os preguntáis si habréis hecho la elección adecuada; le prometéis un trozo de chocolate como premio si se come todo lo que tiene en el plato, pero no os parece que esa sea una buena solución; le tranquilizáis y lo abrazáis cuando tiene miedo pero tenéis miedo de que así no estéis reforzando suficientemente su carácter, etcétera.
— *Os reprocháis por no ser buenos padres*: os enfadáis con él y le gritáis aunque no queráis hacerlo, no conseguís que os haga caso, no lográis que se porte bien cuando hay más gente delante, etcétera.
— *Los demás os critican y ponen en duda la conveniencia de vuestras decisiones*: los abuelos os dicen que así no se educa a un niño, los amigos os miran mal porque todavía duerme con vosotros o porque ya tiene seis meses y aún no le dais alimentos homogeneizados con las vitaminas necesarias, etcétera.

— *Os gustaría que os liberaran de vuestra responsabilidad*: hay momentos en los que ya no podéis más, prácticamente ya no hacéis vida de pareja, echáis de menos vuestra época de solteros, estáis hartos de tener que decidirlo todo vosotros, uno de los dos siente que toda la responsabilidad recae sobre sus hombros y que el otro se inhibe, etcétera.
— *Os gustaría tener más tiempo para vosotros*: hay veces en las que os gustaría emplear diez minutos en ducharos y no los diez segundos habituales, que los amigos dejasen de miraros las entradas sin teñir preguntándose si estáis intentando crear una nueva moda, que el silencio no fuera un recuerdo lejano, que dormir una noche entera de un tirón no fuese una quimera, etcétera.

Por eso es fundamental empezar por vosotros. Si vuestro hijo es la semilla, vosotros sois el terreno; si él es el coche, vosotros sois (con frecuencia y de manera voluntaria) la gasolina.

Lo primero que queremos es que vosotros os sintáis bien. No solo porque eso redunda en que vuestro hijo lo esté, sino porque vosotros también sois importantes. Vuestro hijo es vuestro hijo y vosotros, vosotros. Llegará el día en el que él será un adulto y seguirá su propio camino y vosotros os encontraréis cara a cara con vosotros mismos. Podréis sentiros felices al recordar el pasado y observar los frutos que estáis recogiendo o, por el contrario, frustrados porque habéis obtenido muy poco, porque todo vuestro esfuerzo ha sido en vano, porque no habéis conseguido sacar provecho a los mejores años de vuestra vida. Y no solo por culpa del trabajo, de los mil compromisos del día a día o de la falta de tiempo libre, sino porque no habéis sabido obtener lo mejor de la relación con vuestro hijo.

Y eso no nos lo podemos permitir.

Apuntar a lo más alto vale la alegría (no solo la pena). Siempre hay tiempo para replantearnos nuestros objetivos y nuestras esperanzas. Recordad: los hijos nunca eligen a padres inferiores a sus expectativas. En vuestro interior tenéis todo lo que necesitáis para estar a la altura de lo que vuestro hijo os pide para crecer.

¿Cuál es ahora vuestro verdadero problema?

El verdadero problema es que no os dais cuenta de eso o pensáis que es imposible. Condicionados por años y años de creencias erróneas, sin contar con una verdadera «formación» al respecto (en el colegio no nos enseñan a ser unos buenos padres), con frecuencia olvidamos que tenemos una capacidad innata para cuidar de nuestros cachorros (¡no dejamos de ser mamíferos!), pensamos que no tenemos experiencia, que no estamos capacitados, que tenemos que leer cientos de libros sobre la infancia, seguir quién sabe qué consejos o fórmulas para poder hacer frente a las rabietas, los caprichos y las trasgresiones de esos pequeños seres que, a veces, nos recuerdan más a Terminator que a un hijo.

Lo que nos proponemos es ayudaros a eliminar las capas de polvo acumuladas sobre una bombilla que está encendida desde hace mucho tiempo. Queremos que podáis exclamar: «¡Pero si era sencillísimo!». O: «¡Es tan obvio que casi parece una banalidad!». La naturaleza de vuestro hijo es justo así: sencilla, a veces incluso banal. Y también lo son las soluciones para evitar o resolver los conflictos: tan sencillas que parecen obvias.

Estos son los beneficios que podréis obtener si decidís afrontar las rabietas y las luchas de poder siguiendo nuestro método (aunque a primera vista os parezca extraño y contraproducente):

— Menos ansiedad.
— Menos tensiones.
— Más tiempo libre y de mejor calidad.
— Más confianza por parte de vuestro hijo.
— Más autoestima por vuestra parte.

5

LAS RABIETAS NO SON COMPORTAMIENTOS EXCÉNTRICOS, HISTÉRICOS E INEXPLICABLES

¿Qué pensaríais si os dijéramos que la mejor forma de resolver las rabietas es asegurar a vuestro hijo que tiene toda la razón cuando os dice que no quiere ir al colegio? ¿Que si os pide que le compréis caramelos o jabón para hacer pompas lo ideal es ponerle inmediatamente en la mano tres bolsas llenas de chucherías o de jabón? ¿Que la mejor respuesta a sus «no» son las sonrisas, los abrazos y los mimos?

¿Y si os decimos que los límites y las reglas son necesarios pero que no está escrito, en ninguna parte, que tengáis que imponerlos con dureza, de forma autoritaria, nerviosa o histérica?

¡Todo esto no es más que una sarta de tonterías, de absurdos, de cursiladas que solo pueden hacer daño! ¡Los niños no saben lo que hacen, tienen que entender quién manda! ¡No se puede hacer todo lo que ellos quieran! ¡No pueden salirse siempre con la suya!

Puede que sea cierto. Puede que no. Para nosotros, y según nuestra experiencia personal, no lo es y tendremos ocasión de demostrarlo. ¿Por qué? Pues porque, a despecho de los ríos de tinta que han corrido sobre el tema, de las típicas conversaciones de café («No le des ninguna importancia, ya se le pasará», «Pero ¿qué quieres que le pase?, déjale que llore, así se le ensanchan los pulmones», «Mándalo a la cama y listo, mañana será otro día», «Si hay que ponerse firme, se pone uno firme y ya está, verás cómo así se deja de rabietas», «¡Anda... igual que el mío!», «¡Uf!, ¿el tuyo también?», etc.), a veces la naturaleza de los niños nos sorprende y exige de nosotros una actitud que puede parecernos extraña pero que, en realidad, está encaminada a hacerles sentirse protegidos, entendidos y amados y no tener que defenderse.

Años de culto a la dureza, al rendimiento personal, a la necesidad de hacerse respetar han hecho que hayamos terminado creyendo que la esencia de los niños puede reducirse a este modelo. Pero la naturaleza nunca se somete ante unas condiciones que nieguen su esencia; y a los niños, mucho más próximos que los adultos a su esencia y su naturaleza, les ocurre exactamente lo mismo.

Por eso vuestro hijo, muchas veces, no responde como vosotros querríais a vuestras decisiones y vuestra forma de actuar. Puede que esperéis de él que sea obediente, dócil, que entienda, sea bueno y se porte de otra forma, pero eso no ocurre siempre, es más, ocurre con mucha menos frecuencia de lo que os gustaría. Vosotros le gritáis, él se asusta y a los dos minutos ya está otra vez trepando a lo alto del armario. Le castigáis sin ver la televisión porque se ha portado mal, él llora y pone cara larga, pero en cuanto os descuidáis la enciende a escondidas o vuelve a portarse mal. Le dais un cachete, él se echa a llorar y un par de horas después vuelve a abrir el cajón en que se guardan los cuchillos de cocina.

Y, en cambio...

Los niños no pueden salirse siempre con la suya (quizá)

¿Qué entendéis por «rabietas» o conflictos? ¿A qué comportamientos de vuestro hijo las asociáis? Probablemente estéis pensando en una o más situaciones de este tipo:

— No quiere ir al colegio.
— No quiere ponerse la camiseta que le habéis dicho.

— Quiere más caramelos (más chocolatinas, más juguetes, etc.).
— No quiere apagar la tele.
— No os hace caso.
— Monta escenas.
— Se echa a llorar sin motivo.
— No os deja hablar por teléfono.
— Exige toda vuestra atención y, si no se la concedéis, empieza a gritar.
— No quiere bañarse.
— No quiere salir del baño.
— Se niega a comer lo que vosotros le decís.
— No respeta vuestro ritmo.

Sentimos desilusionaros, pero no tenemos más remedio que hacerlo: somos conscientes de que estas formas de actuar os indisponen u os ponen nerviosos, que no sabéis cómo gestionarlas; que, al no entender su causa, las consideráis provocaciones sin sentido o caprichos... Pero no lo son.

Cuanto antes abandonéis la idea de que las rabietas son comportamientos excéntricos, histéricos o inexplicables, antes las resolveréis desde la raíz.
Las rabietas no son solo rabietas: son siempre manifestaciones de un malestar o de una necesidad profunda que vuestro hijo experimenta en ese instante.

Vosotros, por ejemplo. Cuando os enfadáis, ¿lo hacéis porque sí o porque creéis tener un motivo válido? ¿Cuando levantáis la voz o perdéis los nervios lo hacéis porque no tenéis nada mejor que hacer o porque no podéis evitarlo? ¿Cuando os parece que vuestra pareja os descuida o no os entiende, pensáis que sois víctimas de alguna alucinación o estáis convencidos de lo que en esos momentos os dictan vuestro corazón o vuestra cabeza?

A vuestro hijo le ocurre lo mismo.

Cada vez que insiste, llora, se queja o se niega a hacer algo, tiene un motivo preciso para hacerlo y siente un profundo malestar interior. Igual que os ocurre a vosotros cuando os ponéis nerviosos u os quejáis. La única diferencia es que vosotros sois adultos y (si queréis) tenéis todos los medios emocionales y cognitivos para comprenderos y resolver el problema: vuestro hijo, no. Son habilidades que se adquieren, naturalmente, cuando crecemos (si vuestro hijo es pequeño es natural que no sepa gestionar él solo sus dificultades), imitando a los adultos que nos rodean (si los adultos que rodean a vuestro hijo no lo saben hacer, si no lo apoyan y no le ayudan a resolver sus problemas, es más difícil que consiga aprender a hacerlo). Considerar que estas conductas son rabietas no hace sino empeorar la situación: os lleva a adoptar posturas y soluciones inapropiadas, vuestro hijo no se siente comprendido y *pierde la confianza* en vosotros. Vuestra conducta, en efecto, tiende solo a solucionar la rabieta en sí; en realidad, debería estar encaminada a comprender y sanar su malestar (es decir, la causa desencadenante de la rabieta).

Pero, entonces, ¿qué son las rabietas?

Vamos a intentar explicarlo mejor. Como ya os hemos anticipado, detrás de una rabieta siempre se esconde un malestar real y profundo. Pero eso ¿qué significa realmente? Pensadlo un instante: si vuestro hijo consiguiese resolver sus problemas él solo, deciros claramente lo que le pasa y cuáles son sus necesidades, ¿creéis de verdad que recurriría a ponerse cabezota, llorar, entablar con vosotros una lucha de poder? Cuando está sereno, tranquilo, cuando nota que se le escucha y se siente entendido, de hecho, no llora, no grita, no se empecina (igual que os pasaría a vosotros). Si lo hace es porque *tiene un motivo válido*. Los motivos pueden ser muchos y dispares. Pensad, por ejemplo, en cuando os pide caramelos nada más terminarse el bocadillo de la merienda.

Queremos partir de este ejemplo porque, con frecuencia, cuando sale a colación el tema de las chucherías o las chocolatinas, solemos contestar, casi sin pensarlo, con la típica frase: «Ahora no, luego». Obviamente, no os estamos aconsejando que le deis toneladas de caramelos a todas horas (más adelante os explicaremos detalladamente cómo decir que no y cómo conseguir que el «no» sea percibido favorablemente). Esta no es la cuestión. Solo queremos proponeros que hagáis una simple reflexión: con frecuencia, a saber por qué (¿o quizá sí lo sabemos?), los adultos decimos que no a priori, a veces sin que exista un verdadero motivo. Volviendo al ejemplo del principio, ¿nunca os ha apetecido algo dulce después de comer? ¿Por qué los adultos podemos abrir el armario y coger un dulce o una chocolatina y los niños no? Se trata solo de un ejemplo, pero nuestro objetivo en estos momentos es que reflexionéis sobre el punto de vista: con frecuencia, si os ponéis en el lugar de vuestro hijo y tomáis en consideración el suyo, descubrís que podéis dar un nuevo valor a vuestras respuestas.

Ante sus exigencias podríais, en primer lugar, preguntaros si estáis diciendo que no por un motivo concreto (vuestro hijo ha echado a correr hacia una calle con mucho tráfico sin ver el peligro y sin intención alguna de pararse) o si, pensándolo bien, no hay contraindicaciones reales para decir que sí (con independencia de las dudas o incertidumbres dictadas por los condicionamientos: «¿Estoy haciendo lo correcto?», «¡Uno no puede salirse siempre con la suya!, «¡Así me lo enseñaron a mí!», «Y si me pide otra cosa y luego otra, y otra..., ¿qué hago?», «Y si se convierte en un pequeño tirano, ¿cómo recupero después mi poder?»).

En el fondo, ¿qué importancia tiene que se coma o no un caramelo? ¿Qué más da que se ponga una camiseta en vez de otra o que no se acabe todo lo que tiene en el plato?

Somos conscientes de que, en algunos casos, la situación es más compleja de lo que os la estamos pintando, pero aún contamos con muchas páginas por delante para desentrañar el meollo del asunto. De momento, solo nos interesaba poner punto y final a la cuestión de la elasticidad, dar pie a una sana reflexión sobre por qué hacemos las cosas, preguntarnos si es necesario imponer límites y decir «no» en todas las situaciones o si, de vez en cuando, es posible tener un actitud más relajada. Este puede ser un excelente punto de partida.

La dureza, los gritos, las prohibiciones comunicadas e impuestas con rabia humillan a vuestro hijo y le hacen sentirse mal. Pero la cosa no acaba ahí.

Las cosas que le prohibís son, precisamente, las que tenderá a hacer más: en otras palabras, os arriesgáis a alimentar en él un conflicto con la autoridad que arrastrará toda su vida (¡y la autoridad con la que entrará en conflicto cuando crezca seréis precisamente vosotros!). Aquí tenéis la explicación, sintéticamente, de una de las causas que originan las incomprensiones y los conflictos entre padres e hijos.

Dos soluciones «salvavidas» para que la relación con vuestro hijo mejore a partir de hoy mismo

Para evitar los riesgos que os acabamos de describir existen dos vías simples y resolutivas, capaces de eliminar las rabietas y los conflictos de raíz y, al mismo tiempo, de conseguir que la relación con vuestro hijo sea más armoniosa (algo que, en cambio, no se logra con el método tradicional «gritad-castigad-chillad-imponéos-no lo miméis-los que mandáis sois vosotros: él es solo un niño y no sabe lo que le conviene).

No se trata de resignarse, en mayor o menor medida, a que se porte mal o su conducta no sea la adecuada. Se trata de modificar desde la base nuestra forma de pensar y de ponernos a disposición del niño, tomando en consideración sus necesidades, sus peticiones y sus razones.

Según avancéis en la lectura del libro, os iréis convenciendo de que vuestras expectativas y vuestra actitud influyen realmente en la conducta de vuestro hijo: si vosotros cambiáis, él también cambiará. Pero ahora vamos a ver con más detalle qué hay que hacer.

Anticiparse a la necesidad (es decir, cómo Roberta y Antonio previenen las rabietas)

Anticiparse a las necesidades de vuestro hijo no significa ponerse a sus pies o darle todo lo que quiera antes incluso de que lo pida. Eso sería perjudicial para su crecimiento afectivo: el estímulo y el deseo lo ayudan a desarrollar la voluntad, la capacidad de ingeniárselas para obtener lo que desea. Unos padres que actúan así se arriesgan, además, a parecer débiles y permisivos, a perder su autoridad. Si el niño no los percibe como adultos capaces de asumir su papel de forma adecuada, su seguridad se tambalea, se activan los miedos y empieza a perder la confianza.

Llamamos «anticipación de la necesidad» a la capacidad para prestar atención a las peticiones que vuestro hijo expresa y a las exigencias que vive interiormente (sus necesidades y sus deseos) pero que aún no puede verbalizar (porque es demasiado pequeño o porque no está acostumbrado a pedir o a exteriorizar lo que siente). Una vez identificada su necesidad, el paso siguiente consiste en secundarla sin reparos.

¿Cómo? Vamos a verlo con un ejemplo, tomado también en este caso de la historia del pequeño V.

DIARIO DE ROBERTA

LA PISTOLA Y LAS POMPAS DE JABÓN

El verano pasado, regalaron a V. una pistola que disparaba pompas de jabón. El regalo le entusiasmó, pero... a las dos horas los cartuchos de agua jabonosa se habían acabado y la pistola dejó de disparar. Con gran disgusto por su parte hubo que dejar de jugar, aunque a él le habría gustado seguir haciéndolo durante horas. Al día siguiente, salí a hacer unos recados y volví con una sorpresa: dos bolsitas de agua jabonosa (¡importe: 2 euros!). V., contentísimo, se puso a jugar y las pompas se acabaron en un santiamén. Al día siguiente, regresé a casa con otra bolsita (importe: 1 euro). V. volvió a sentirse feliz, pero esta vez me dijo: «Gracias, muchas gracias, ¡pero ya no me compres más!».

En el supermercado, cada vez que viene de Bielorrusia, ocurre lo mismo. V. es un niño que tiende a compensar sus vacíos afectivos comiendo dulces. Soy consciente de que llevarlo al supermercado nada más aterrizar puede ser mortal para mi bolsillo y para su estómago, pero siento curiosidad por ver qué pasa. Después de pesar la fruta y la verdura llegamos a la sección de bollería y caramelos. ¿Qué hacer? No soy de las que saben fingir que algo no existe... No intento distraer al niño para que no vea los bollos, no aprieto el paso diciéndole que llevamos prisa. Al revés: con total tranquilidad, enfilo el carrito hacia las estanterías tan temidas por los adultos y digo a V. que coja los caramelos que más le gusten.

Ha bastado con que se lo diga de esta forma para que V. no sienta la necesidad de llenar compulsivamente el carrito con bolsas de chucherías. Las va mirando una por una, atentamente, y en cuanto ve unos caramelos que le atraen especialmente me mira, como pidiéndome permiso; yo, naturalmente, se lo concedo. Cuando ya tiene elegidas dos o tres bolsas, me acerco a él.

Recorro la estantería con la mirada, estudiando marcas, sabores y colores, y, de vez en cuando, cojo otra bolsa y le pregunto si la quiere. A veces, me dice que sí; otras, me contesta que por hoy ya tiene bastante. En ambos casos, le dirijo una mirada de complicidad, cojo otra bolsa de sus caramelos preferidos y la meto furtivamente en el carrito. Él me mira, ladea la cabeza y me sonríe...

De esta forma, cuando llegamos a la sección de juguetes sus necesidades ya están satisfechas: he interactuado con él todo el rato, sin darle tiempo para que se aburra y se arroje impulsivamente sobre las galletas, los refrescos o los bollos (mi objetivo no era entretenerlo para que no vea los bollos y las chucherías, sino divertirme con él, que no se aburra). V., en efecto, apenas si se fija en los juguetes. Soy yo la que se para a mirarlos (solo escojo cosas pequeñas, que cuesten entre 3 y 20 euros) y le pregunto si ve algo que le guste. Él contesta que no, que en casa ya hay bastantes juguetes y que puede seguir jugando con los que tiene. *Voilà!*

Las primeras veces que venía a Italia no pasaba esto. Entonces nunca tenía suficientes caramelos y en el carrito siempre acababan dos juguetes, como mínimo. Al principio, esas compras me permitían colmar en el acto una necesidad y un vacío: para entrar en contacto con él, inicialmente, tenía que secundar su tendencia (típica de muchos niños de hoy en día) a compensar sus vacíos afectivos con objetos o comida. Sabía que esta necesidad iría disminuyendo lentamente, y así ha sido. He avanzado a pequeños pasos, hasta que sus exigencias han empezado a ir a menos. Hoy, prácticamente, han desaparecido. Por supuesto, de vez en cuando también pide cosas costosas o inútiles, como todos los niños. En Navidades, por ejemplo, le regalaron dos juegos de construcciones. Lo montó todo en dos tardes, y estuvo muy entretenido durante varios días desmontando y volviendo a montar las construcciones. Luego, llevado por el entusiasmo, pidió más juegos. ¿Qué hacer?

¿Comprarle todo lo que me pide, para anticiparme a la necesidad? Obviamente, no. Lo que cuenta de verdad es el principio que está detrás de dicha idea. Cuando lo pongo en práctica, debo hacerlo sin olvidar los límites impuestos por el sentido común y la mesura. ¿Qué hacer, entonces? Ese día mi respuesta fue la siguiente: «¿Te gusta ese coche transformer tan guay? ¡Mira qué de piezas tenemos! (señalé hacia el cesto lleno de piezas de Lego), vamos a descargarnos de internet las instrucciones para montar el coche (existen de verdad) y lo construimos con las piezas que tenemos».

Y eso hicimos. Nos lo pasamos en grande, y su necesidad se vio satisfecha sin necesidad de gastar otros 100 euros en un juego que en esos momentos deseaba ardientemente pero que luego no ha vuelto a pedir. V. ha aprendido que es posible divertirse con lo que uno tiene, que el secreto consiste en no acumular cosas indiscriminadamente (como sus carencias afectivas y su extrema pobreza le podrían hacer creer), sino en satisfacer sus propias necesidades, en aprender y en divertirse, con independencia de los objetos o juguetes que tenga.

P. D. He evitado frases del tipo: «No nos lo podemos permitir», «¡Pero si te acabo de comprar dos!», «¿Estás loco?, ¡con lo que cuesta eso!», «No tengo una máquina para fabricar dinero», «No te pases», «Ya veremos, según cómo te portes...», etc. El resultado habría sido solo el de lesionar su autoestima con frases poco afortunadas y condicionantes que él, a su vez, utilizará cuando sea adulto.

¿Qué hay de extraño en esta forma de actuar?
¿Os parece particularmente especial o innovadora?
No.

Y, sin embargo, muy frecuentemente, los prejuicios y la educación que hemos recibido nos impiden superar nuestros límites mentales. Hacerlo, en realidad, es muy fácil y produce resultados inmediatos, pero requiere elasticidad, y sabemos que esto, al principio, puede exigir un pequeño esfuerzo por nuestra parte.

> Con frecuencia, ante las peticiones de los niños, el «no» se impone incluso cuando no existen motivos reales para ello.

Con la misma frecuencia, los adultos cuando *dan* algo parece, en realidad, que lo *conceden*, acompañando la concesión de comentarios, prohibiciones y juicios expresados con rabia y en tono duro:

- «Ahora no tengo tiempo, ¡cállate de una vez!».
- «¿Qué falta te hace eso?».
- «¡Solo uno!».
- «¡Escoge, todos no puede ser!».
- «¡No toques eso!».
- «¡Quieto! ¡No corras! ¡Me estás volviendo loca!».
- «¡No, ahí no! ¿Es que no oyes?».
- «Ya veremos..., a lo mejor por tu cumpleaños...».
- «¿Te parece buena idea?».
- «¿Y para qué quieres todos esos Lego?».
- «¡Te va a sentar mal tanto caramelo!».
- «¿Te lo has merecido?».
- «No te lo mereces, con lo mal que te portas...».

Pronunciadas por sus padres, es decir, por dos figuras que deberían representar para él una fuente de comprensión y de seguridad, estas frases terminan por comunicar un mensaje contradictorio y decepcionante: «Pero ¡cómo! ¿Vosotros, precisamente vosotros, que estás aquí para comprenderme, para ayudarme, para satisfacer mis necesidades, me decís que lo que siento no es realizable, que lo que deseo no puede ser. En ese caso tengo que sentirme inepto, incapaz... Qué desilusión...».

Hemos llegado a un punto importante. ¿Empezáis a descubrir de dónde proceden el pesimismo de los adultos, la desconfianza que sienten hacia sí mismos y hacia la posibilidad de realizar sus sueños? La anticipación a la necesidad es una invitación a mostraros más disponibles, más condescendientes, menos recelosos y rígidos también con vosotros mismos.

Apagar la tele con amenazas o sin ellas

Si a la hora de los dibujos animados nunca quiere apagar la tele cuando se lo decís, ¿por qué no dejarle que la vea unos minutos más, si sabéis que es eso lo que quiere? Por lo general, la escena es la siguiente:

Aproximación culpabilizadora y tiránica (o cómo hacerse mala sangre)

«Alberto, apaga la tele y siéntate a la mesa. Venga, apaga... ¿Me has oído? ¡Te he dicho que la apagues! ¿Lo haces aposta? ¡Ya está bien, como no obedezcas voy yo a apagarla y mañana castigado sin tele!».

Todo ello aderezado con una progresiva elevación del tono de voz, de la temperatura corporal, de la tensión y de la rabia por vuestra parte y de un sentimiento de incomprensión e inferioridad por parte del niño.

Esto contribuye a aumentar, día tras día, el conflicto con la autoridad-padres que continuará, potenciado, en la fase de la adolescencia.

Aproximación con anticipación de la necesidad (o cómo mantener la calma)

«Cariño, sigue viendo los dibujos, pero en cuanto la cena esté lista apagas la tele, ¿vale?». Diez minutos después: «¡Lo que te gustan estos dibujos! Míralos un poco más, en cuanto vuelva de la cocina apagamos juntos la tele y empezamos a cenar». Todo ello aderezado con calma, tranquilidad, sonrisas y disponibilidad.

¿Hay diferencias entre el primer ejemplo y este último? ¿Qué sensaciones experimentáis ante cada uno? ¿Cuál hubierais preferido que usasen con vosotros cuando erais pequeños?

Si decís que no funciona, es probable que nunca lo hayáis intentado seriamente o que no hayáis insistido lo suficiente (lo habéis intentado una vez, pero luego habéis dejado de hacerlo).

¿Y si mi hijo no para de pedirme chocolate?

Si sabéis que, a veces, os pide un bollo o un trozo de chocolate después de otro, ¿qué podéis decirle? Y, sobre todo, ¿cómo tenéis que decírselo? También en este caso no es infrecuente escuchar frases como las que reproducimos a continuación.

Aproximación culpabilizadora y tiránica (o cómo hacerse mala sangre)

«¡Ya está bien, vas a engordar! ¡No te sientan bien, lo sabes! ¿No me has oído? ¡Te he dicho que no! Terminarás siendo diabético como sigas así... ¡Deja ya de comer esas porquerías!».

¿El problema se ha resuelto? No.

Vuestro hijo se siente acusado, descolocado, tiene una necesidad irrefrenable que no sabe cómo resolver y no entiende por qué os estáis enfadando tanto. ¿Qué podríais decirle, en cambio? Por ejemplo, podríais anticiparos a su necesidad: «Cariño, ¿quieres un trozo de chocolate? Ten, toma dos». Diez minutos después es posible que os pida más, para vosotros eso ya es demasiado. Podéis contestarle así:

Aproximación con anticipación de la necesidad (o cómo mantener la calma)

«Cariño, ya sé que quieres más, pero no va a poder ser, mañana te comes otros dos...». «¡Vaya, pero qué mamá más mala tienes, que no te quiere dar más (mantén la calma, sonríe tranquilamente)!».

Como veis, no enfadarse, permanecer neutrales y evitar partir de un «¡NO! ¡BASTA! ¡AHORA NO!» es fundamental.

Esto no equivale a ser permisivos y concedérselo todo. Al revés: significa ser comprensivos frente a las demandas de vuestro hijo, responderle con amabilidad, sin recurrir al tono duro que, quizá, vuestros padres emplearon con vosotros y que ahora tendéis a emplear automáticamente, sin daros cuenta. Porque los «no» y los límites se pueden comunicar de muchas formas.

¿Os da miedo mimarlo?

> Los mimos no existen. Son un prejuicio de quienes han sufrido carencias, de quienes sienten envidia hacia los demás porque se consideran inferiores o de quienes padecen la injusticia de no tener lo bastante o de no serlo.

Los ejemplos de aproximación culpabilizadora y tiránica son una de las causas probables de esta actitud, que sigue influyéndonos también de adultos, abocándonos a la infelicidad.

¿Qué os garantiza que otro tipo de aproximación no desembocará en que miméis en exceso a vuestro hijo? Como veremos, es importante conseguir conectar la anticipación de la necesidad con la motivación profunda: la carencia o vacío afectivo que empuja al niño a ser especialmente caprichoso o insistente.

«Sí, hasta aquí todo suena muy bonito, pero con mi hijo eso no funciona»

Puede que ahora mismo estéis pensando: «Lo veis todo de color de rosa, ¡pasaros por mi casa mientras nuestro hijo tiene una pataleta y se tira al suelo dando gritos!». O: «No puede funcionar con todos los niños, cada uno es distinto».

Es cierto, todos los individuos tienen sus propios gustos, talentos y debilidades; con los años desarrollan un carácter y un punto de vista propios, virtudes y defectos que serán solo suyos... Pero las necesidades emocionales son las mismas para todos los niños de la Tierra, sean blancos, negros, amarillos o azules... Hay necesidades fisiológicas y naturales que siguen todos: la necesidad de ser alimentados, de jugar, de hablar, de caminar, la exigencia fisiológica de estar con sus padres, de recibir de ellos mimos y atenciones o el impulso de imitar lo que hacen los adultos.

También, el instinto que durante los primeros siete años de vida lo empuja a considerar que es suyo todo lo que le rodea es común a todos (se llama fase egocéntrica y ya hemos visto que es fisiológica e inevitable). Las necesidades naturales son iguales para todos. Lo que cambia (además de las aptitudes y el carácter de cada uno) es la actitud y la aproximación del adulto que los acompaña en su proceso de crecimiento.

Si queréis, podéis seguir pensando que los castigos, las regañinas y las prohibiciones impuestas con rabia son indispensables. Si lo preferís, podéis dejar de leer ahora mismo pero, por favor, si vuestro hijo tiene «rabietas» ¡no la toméis con él! La verdad es que siempre tiene un buen motivo para portarse así. Algo ha creado en él un malestar emocional: esa es la verdadera causa desencadenante y es ahí donde tenéis que actuar si queréis resolver la situación.

«Gritad-castigad-regañad-imponéos-no lo miméis-los que mandáis sois vosotros»: si este método es tan eficaz, ¿por qué el 99 por ciento de los padres tienen problemas de relación con sus hijos?

¿Por qué los padres no consiguen hacerse entender por sus hijos y los hijos sienten que sus padres no los entienden? ¿Por qué la mayoría de los adultos tiene conflictos con su familia de origen? ¿No os parece extraño? Y vosotros, ¿cómo os sentíais cuando os consideraban niños mimados y caprichosos, cuando llorabais y conseguían que dejarais de hacerlo dándoos un cachete o mandándoos castigados a vuestro cuarto? Volved atrás en el tiempo: vosotros también, de pequeños, teníais una buena razón para estar tristes o para no querer hacer esto o aquello. No lo hacíais a propósito, y cada vez que estabais tristes os resultaba espontáneo recurrir a las rabietas. Esta es la clave:

Los niños siguen principios fisiológicos naturales y tienen necesidades emocionales innatas. Estos principios y estos factores son su lenguaje. Solo quien se adecua a este lenguaje puede comprenderlos y ayudarlos a crecer felices y serenos.

¿Qué hacemos nosotros, en cambio? Con frecuencia, en vez de adecuarnos a su lenguaje, liquidamos rápidamente el asunto: los juzgamos, damos por descontado que solo se trata de una rabieta, un caprichito y no nos preguntamos:

— ¿Por qué hoy no quiere comer? (Puede que no encuentre su juguete preferido y esté enfadado por eso pero no sepa cómo decirlo).
— ¿Por qué esta mañana se ha levantado con el pie izquierdo y no quiere ponerse la camiseta que yo digo? (Puede que ayer se peleara con un amiguito y no quiera volver al colegio por eso).

— ¿Por qué no quiere lavarse las manos y no para de llorar? (Puede que su padre le haya regañado con demasiada dureza cuando ha roto un vaso, sin querer, y ahora se siente triste y humillado).

Detrás de estos comportamientos aparentemente caprichosos, histéricos e incomprensibles se esconde la VERDADERA CAUSA: siempre hay un NUDO EMOCIONAL que desencadena los COMPORTAMIENTOS EXTERNOS que nosotros definimos, erróneamente, como «caprichosos».

Si de estos primeros ejemplos habéis deducido que conseguimos arreglárnoslas con niños y adolescentes difíciles solo porque les concedemos todo antes de que nos lo pidan, estáis muy equivocados.

En todas las experiencias que estamos compartiendo con vosotros el objetivo ha sido siempre el mismo: secundar al niño, hacer que se sienta comprendido, emplear su mismo lenguaje para transmitirle el afecto y la confianza que nos permitirán corregir poco a poco sus costumbres (lavarse, ordenar, ser amable y dar las gracias, portarse bien en la mesa, etc.).

Puede que ahora mismo estéis pensando: «¡No puede ser verdad!», «¿Estamos de broma o qué? ¡Es demasiado fácil!» o bien: «No, ¡es demasiado difícil!" o: «¿Y qué dirán los demás?».

Puede ser: el cerebro humano, ante las novedades, tiende a eliminarlas en el acto, tachándolas de absurdas, imposibles, ineficaces. Pero si quien lee esto es una persona flexible, curiosa, al que no le intimida el riesgo de la autocrítica, entonces...

Firmeza en las decisiones (o lo que el 90 por ciento de los padres no hace)

Cuando teníamos niños en acogida observábamos a diario los daños que produce una educación demasiado permisiva por parte de padres débiles, sumisos y sin confianza en sí mismos (también detrás de los adultos violentos, verbal o físicamente, se esconde un temperamento frágil e inseguro). No solo eso. Todavía hoy, en las consultas, seguimos observando que un gran problema de los padres es que acostumbran a dejar en manos de los hijos el tema de las elecciones.

Una cosa es secundar la curiosidad de nuestro hijo dándole el juguete que quiere o facilitándole el acceso al objeto por el que se siente atraído en un instante concreto (por ejemplo, cogiéndolo en brazos para que sea él quien apriete el botón del portero automático, si es eso lo que ha llamado su atención) y otra, muy distinta, pedirle que sea él quien decida sobre todo lo concerniente a sí mismo o a la gestión del espacio y los horarios familiares para contentarlo porque no sabéis qué hacer o no conseguís entender qué es lo mejor para él o qué es lo que prefiere.

He aquí lo que ocurre, muy frecuentemente, en el diálogo madre-hijo o en el triángulo madre-padre-hijo:

- «¿Qué te parece, vamos luego a casa de la abuela?».
- «Vamos al parque, ¿vienes?».
- «¿Quieres un plato de pasta?».
- «¿Te apetece un poco de gazpacho? ¿Quieres otro poquito más?».
- «¿Te gusta la camiseta que te ha escogido mamá? ¿Te la pones? Tenemos que salir dentro de diez minutos...».
- «¿Por qué no empiezas ya a hacer los deberes?».
- «¿Quieres ver la tele?».
- «¿Te gustan estos pantalones o prefieres que te compre esos otros?».

Es decir, el adulto pregunta al niño qué prefiere hacer en situaciones en las que el niño, si estuviese solo, no tendría autonomía alguna (coger el coche para ir al parque o a visitar a la abuela, preparar la comida, comprar ropa, lavarla cuando se ensucia, plancharla, etc.).

Intentad poneros en el lugar de vuestro hijo: ¿qué ocurre en su interior mientras le preguntáis estas cosas? Si ha superado la fase egocéntrica, él será el primero en haceros a vosotros la pregunta o en medirse con vosotros sobre las elecciones o las preferencias de ambos.

Pero durante la fase egocéntrica esto no ocurre: aún no ha desarrollado ni a nivel intelectual ni a nivel emocional la capacidad de sostener sus decisiones. Cuando lo obligáis a elegir, como es el caso de los ejemplos anteriores, se encuentra frente a algo que le supera y piensa: «¡Y yo qué sé, mamá! ¿No tendríais que ser vosotros los que decidierais por mí? Yo soy solo un niño, tendrían que ser los mayores quienes me indicaran qué hay que hacer, cómo se porta una persona decidida y segura de sí misma. Si veo cómo puedo imitarlos, aprenderé (tengo muchas ganas de hacerlo, me apetece muchísimo...). Mamá, sin embargo, se espera una respuesta por mi parte... ¿Qué le digo? Yo solo sé a qué quiero jugar, no sé decidir sobre el resto: no sé a qué hora hay que ir a casa de los abuelos, no sé qué salsa es mejor, si la de tomate o la de pesto, qué cambia si voy al parque o me quedo en casa... ¿Y si me equivoco? ¿Y si mi respuesta no es la acertada? ¿Y si papá o mamá ya no me quieren por la respuesta que he dado?».

Todo esto conduce a que entre en un círculo vicioso. Al sentirse inseguro está en sintonía con las capacidades naturales para su edad, pero si el progenitor se espera una respuesta que él no está en condiciones de dar, empieza a percibir esas capacidades como una debilidad y termina sintiéndose frágil e inepto. No se siente a la altura (y su autoestima empieza a caer en picado). No solo. ¿Qué opinión creéis que puede formarse de unos padres que no eligen y que defraudan sus expectativas?

Vuestro hijo percibe el miedo: «Oh... si no saben ni decidir con qué salsa estará más rica la pasta, ¿qué pasará si aparece un monstruo o hay un huracán? (Recuerda, somos mamíferos: estas sensaciones instintivas se activan naturalmente en el niño y, a veces, también en nosotros, los adultos, por ejemplo, cuando la luz se apaga de golpe y nos quedamos a oscuras o estamos caminando solos por una calle oscura o aislada). El monstruo los vencería... Terminaría devorándonos a todos... ¡Qué miedo! ¿Y ahora quién me defiende? ¿Con quién puedo contar?».

El problema no es que perciba estos miedos. Es bueno que, antes o después, experimente esta u otras sensaciones de malestar (por lo general, la vida ya se encarga de ponerlo frente a pruebas de este tipo, sin necesidad de que los padres se ocupen de ello). Sin embargo, tiene que aprender a gestionarlas, y esto solo puede hacerlo gracias al ejemplo de sus padres. Pero si el niño pierde la confianza en los adultos, si deja de considerarnos personas lo suficientemente seguras o equilibradas, si no experimenta a través de las vivencias cotidianas que estamos a la altura de sus expectativas, deja de creer en nosotros y de tomarnos como ejemplo. ¿Y qué ocurre entonces? Dado que no siempre consigue encontrar a otros adultos que le inspiren confianza (un abuelo, un tío, un hermano o una hermana mayores): ¡Piensa por su cuenta!

Has entendido bien, «piensa por su cuenta»: «En vista de que no saben decidir y no pueden defenderme, tendré que arreglármelas yo solo: a partir de ahora dejo a un lado mi naturaleza, empiezo a portarme como un adulto... ¿Seré capaz de ello? Qué inquietud, qué miedo...».

Empieza a controlar, a dominar: quiere defenderse, estar seguro de que tiene la fuerza y la seguridad que se esperaba de sus padres.

Podéis observar esta actitud en los niños de cuatro o cinco años que hablan y se portan como si ya fueran adultos: por ejemplo, niñas que se maquillan no como un juego sino porque se sienten tan adultas como su madre o niños que quieren ser ellos quienes lleven la bolsa de la compra, que no dejan de preguntar: «¿Y qué hacemos ahora?», que se meten en las conversaciones de los mayores emitiendo su opinión porque sienten que tienen con los mayores una relación de tú a tú, que quieren tener claro qué va a pasar para mantener el control de la situación («¿Cuándo vamos a casa de la abuela? ¿Por qué no me lo has dicho? ¡Quería decidir yo! Buaaaa...», «¿Y ahora qué hacemos? ¿Por qué coge papá el coche?», etc.). Si los observáis, notaréis que, con frecuencia, tienen el cuerpo en tensión, no se saben relajar, son ellos los que deciden cuándo tienes que hacerles mimos y, con frecuencia, son ellos los que te los hacen a ti (no por placer, sino para controlar, para portarse como adultos, porque han perdido la costumbre de dejarse llevar).

Podríamos poneros muchos otros ejemplos, pero vamos a detenernos aquí. Es más útil deciros por qué es tan importante que seáis vosotros quienes elijáis (de forma natural, teniendo siempre en cuenta las necesidades y exigencias de vuestro hijo):

— Porque *vosotros sois su punto de referencia.*
— Porque, sobre todo al principio y en medio de la fase egocéntrica, aún no ha desarrollado las *competencias interiores* necesarias para elegir él solo.
— Porque *escoger a esta edad es una fuente de ansiedad*, dudas y miedos.
— Porque si lo guiais *se refuerza su seguridad.*
— Porque os ve como adultos seguros, firmes y decididos y *seguirá vuestro ejemplo cuando sea mayor.*

He aquí lo que podéis hacer, concretamente, a partir de mañana mismo. Si, por ejemplo, sabéis que a vuestro hijo le gusta ir al parque y esa tarde podéis salir diez minutos o un cuarto de hora antes de lo establecido, ayudadle a terminar lo que esté haciendo y decidle: «¿Sabes qué vamos a hacer ahora? Nos vamos a poner el abrigo y vamos a salir a la calle, mamá (o papá) te va a llevar a ver si todavía están en el nido los pajaritos que vimos ayer en el árbol». Poneos el abrigo con gesto decidido, si es preciso, ayudadle a que se ponga el suyo y decidle: «¡Listo! Espera, voy comprobar que no me haya dejado nada encendido. ¡OK!, todo en orden, podemos irnos. Puede que haga frío en la calle... Ven (cógele de la mano), vamos a comprobarlo». Habladle de lo que vais a hacer empleando imágenes concretas que estimulen su curiosidad y le ayuden a proyectarse en lo que va a ocurrir. Si, en cambio, le preguntáis: «Cariño, ¿te apetece que vayamos al parque?, ¿quieres jugar un rato con los pajaritos?», le estáis obligando a elegir: él puede deciros que no y vosotros puede que os veáis obligados a solucionar su negativa, con todo lo que ello implica.

> Recordad: vuestro hijo necesita ser guiado, no sentir que recae sobre sus hombros el peso de la responsabilidad. Necesita jugar, aprender divirtiéndose, observar vuestro comportamiento para ser capaz de reproducirlo cuando esté listo para ello (a pequeños pasos, entre los ocho y los diez años).

Otro punto importante: poned en práctica nuestros consejos en todo tipo de situaciones, pero cuando se trate de jugar, dejadle plena libertad para que sea él quien decida. En este caso, dejad que sea vuestro hijo quien os guíe a vosotros: sus elecciones responden a una exigencia interior, a su necesidad instintiva de aprender a través de lo que está haciendo.

6

¿POR QUÉ TIENE RABIETAS? LAS ONCE CAUSAS VERDADERAS

DIARIO DE ROBERTA

LOS PRIMEROS PASOS DE F.

Llegó en invierno. Saludé a la madre y miré hacia aquel bulto cálido, difícil de sostener, intentando descubrir qué había entre la bufanda de lana y el gorro con orejeras de osito... ¡Qué sorpresa! ¡Dos ojazos negrísimos, dos mejillas tersas y suaves del color del chocolate fundido! Una niña guapísima, de poco más de un año, venía a hacernos compañía junto a su madre. Entonces no sabía que iba a quedarse con nosotros durante más de cinco años y que muy pronto iba a tener que ejercer de madre con ella.

Tras la alegría y el esfuerzo de la inserción, a medida que la rutina cotidiana iba cobrando forma, empezaron a salir a la luz los problemas. Una mujer que había sido madre demasiado pronto, con una trágica historia a sus espaldas que no le había permitido desear realmente la maternidad porque no había tenido la oportunidad de ser niña, hija, adolescente, mujer. Sus dificultades y problemas se traslucían, con una evidencia a veces incluso violenta, en la forma en que se relacionaba con la niña y a veces también con nosotros.

Si sus problemas y dificultades emocionales eran evidentes en la dinámica de la relación entre ambas, bastaba con observar a la niña para entender que muchas cosas también funcionaban mal en ella. F. lloriqueaba desde por la mañana temprano hasta la noche, nunca estaba conforme con nada. No quería estar sentada, ni en brazos, ni dar un paseo, ni comer, ni dejarse cambiar de pañales, ni vestirse... A veces su llanto se agudizaba y se volvía un tortura, para ella y para mí; otras, era un telón de fondo, como un lamento constante. Las lágrimas y los mocos formaban ya parte de su fisonomía. La empatía que yo experimentaba con su dolor era penosa, lacerante.

Sabía que aquel dolor anidaba también en las entrañas de su madre, pero en estos casos te haces el siguiente razonamiento: el adulto puede recuperarse, defenderse incluso de sí mismo... pero un niño, no. Un niño sufre, y punto.

En la mesa, F. se negaba a comer, se ensuciaba y esparcía la comida por todas partes. Su madre siempre terminaba por arrojar la toalla y recurría a darle un biberón de leche con galletas antes de acostarla (más fácil de administrar y menos trabajoso comparado con otras rutinas del destete). No andaba, siempre quería estar en brazos (también es verdad que su madre prefería llevarla en brazos o en el cochecito para evitarse el estar pendiente de ella o ayudarla a dar sus primeros pasos). F. era una niña realmente caprichosa, a veces insoportable...

Pasado un cierto tiempo, por decisión de las autoridades competentes, la madre fue alejada de la niña. Nos encontramos, de un día para otro, con la responsabilidad de cuidar de una criatura sola e indefensa, traumatizada por aquella separación brutal. Si hubiéramos podido elegir habríamos preferido, obviamente, acompañar a las dos a lo largo de un recorrido gradual de autonomía y construcción de un futuro sólido, tanto desde el punto de vista material como del emocional y afectivo. Pero no nos fue posible: no nos quedaba otra que cuidar de F. y criarla de la mejor forma posible. Con el tiempo, nos convertimos en sus adultos de referencia: éramos nosotros quienes la vestíamos, la cambiábamos, la mimábamos, le hablábamos, jugábamos con ella, la dormíamos. Si miro hacia atrás, todavía ahora me asombra su metamorfosis. Bastó con que entrara en contacto con adultos emocionalmente más equilibrados y dispuestos a tomar en consideración sus necesidades: comer con la cuchara y el tenedor, igual que los demás niños; llevar el pañal limpio; gatear libremente por el suelo (es evidente que todo esto requiere de más paciencia, pero no se trata de cosas imposibles o especialmente difíciles).

Con F. nunca tuve que usar estrategias específicas como me ha sucedido, en cambio, con niños mayores que ella y particularmente agresivos, autolesivos o hiperactivos. Me bastó con portarme con ella de forma normal, darle ese mínimo que exigen todos los niños del mundo: la miraba a los ojos, hablaba con ella, secundaba sus peticiones, sus ganas de jugar y sus descubrimientos, era paciente y cariñosa, le otorgaba mis caricias y mis sonrisas, resolvía sus problemas, estaba dispuesta a consolarla si lloraba. Bastó con eso para ver cómo su conflicto interior se deshacía en pocos días (sí, en apenas unos pocos días...). F. dejó de quejarse por todo, quería recuperar el tiempo perdido, empezar a andar, a controlar esfínteres, a comer ella sola.

Verla sonreír, jugar e irradiar felicidad por todos sus poros, verla dispuesta a colaborar con los adultos y a comunicar verbalmente sus eventuales disgustos fue una alegría inmensa que aún me colma el corazón.

Los dos pilares de la cuestión

Antes de afrontar las rabietas, vamos a indicar cuáles son los dos pilares fundamentales para resolverlas:

1. Ser conscientes de que las conductas caprichosas y las rabietas no son nunca solo eso.
2. Ser capaces de descubrir la motivación profunda que las desencadena.

En las siguientes páginas afrontaremos juntos estos dos puntos. Encontrar la motivación profunda del malestar del niño nos permitirá resolver la causa. Detenerse en la rabieta en sí, en cambio, es limitarse a poner un parche al problema, remitiéndonos, nerviosa (y superficialmente) a un presunta normalidad de conducta.

No os creáis el cuento de que las rabietas son beneficiosas para el crecimiento: el niño no se porta así para medirse consigo mismo o con los adultos que se ocupan de él.

> Las rabietas son su forma de pedir ayuda, de gestionar una frustración, de descargar una tensión emocional.

Las once causas de las rabietas

El niño está confuso, desconsolado, se siente desarmado, inseguro, frustrado. «Pillar una rabieta» es su último recurso (salvo que sus padres sean especialmente proclives a la crítica y a quejarse: en ese caso, hay que dar por descontado que imita a los adultos con actitudes especialmente caprichosas).

¿Qué situaciones de malestar pueden empujarlo a montar lo que nosotros llamamos rabietas? Veamos juntos algunas de las posibles causas.

1. Le faltan atenciones

Es la motivación más frecuente y la que, por lo general, acompaña a todas las demás. *No es cierto que los niños de hoy tengan de todo.*

Tienen muchas cosas superfluas pero carecen de lo que realmente cuenta para ellos (perdonadnos por ser tan claros).

A esta edad, solo hay dos cosas importantes: el *amor* y la *necesidad de atención*. Amamos a nuestros hijos, sí, pero ¿estamos seguros de que ellos lo saben? Si tienen rabietas, no paran de pedirnos juguetes, chucherías, ver la tele, etc., es probable que lo hagan porque no lo saben. Y esto ocurre porque los padres estamos tan ocupados diciéndoles qué tienen y qué no tienen que hacer, cómo deben y cómo no deben ser que, con frecuencia, nos olvidamos de decirles cuánto los queremos y qué especiales son o de divertirnos con ellos sin necesidad de que aprendan o nos demuestren algo.

¿Y las atenciones? Con frecuencia estamos convencidos de que, a veces, les prestamos incluso más de las debidas. Vamos a aclarar cuanto antes un concepto: regalarles juguetes, una pantalla de plasma y un mando a distancia para que vea los dibujos animados, dejarles que coman y beban lo que quieran, pagarles un montón de clases de natación, de danza o de fútbol, pasarse todo el día con ellos (es decir, compartir el mismo espacio) ocupados en esto o aquello, decir: «Estate quieto de una vez», «La cena está lista», «Ordena tu cuarto», «Juega tú solo un rato, todavía no he terminado» no significa prestar atención ni compensar nuestra ausencia de forma adecuada. Preocuparse y desvivirse por ellos tampoco es sinónimo de amor.

Las atenciones de los padres no se compensan. Los niños se adaptan, pero no son estúpidos.

> «Voy a la guardería, paso mucho rato con los abuelos, veo la tele, juego o me peleo con mi hermana... Pero, al final, lo que más quiero realmente es estar con mis padres, quiero su atención, y si no consigo obtenerla me pongo triste, nervioso, me falta algo e intento reaccionar para liberarme de toda esa tensión».

¿Cómo conceder a vuestro hijo las atenciones necesarias en su justa medida?

Pasar mucho tiempo con él no es suficiente, es más, ni siquiera es lo más importante. Podéis pasar el día trabajando, dedicarle solo dos horas al final de la tarde y, en esas dos únicas horas, conseguir transmitirle todo vuestro amor, hacerle sentir vuestra presencia, lograr que os perciba como su punto de referencia más fiable.

No es obligatorio que intentéis sacar más horas para estar con él, basta con que aprovechéis al máximo el tiempo del que disponéis. Probablemente ya le estáis concediendo las atenciones necesarias a vuestro hijo. Para verificarlo, examinad si vuestra conducta se ajusta a estos puntos:

- *Estáis presentes de cuerpo y alma* en lo que hacéis cuando estáis con él, evitáis pensar en otras cosas.
- *Lo escucháis.*
- *Le miráis a los ojos* cuando le habláis, cuando es él quien os dice algo, cuando le hacéis cariños.
- *Hacéis muchas cosas juntos.*
- *Permitís que os observe* y que os pueda imitar.
- *Os mostráis disponibles*: no pretendáis, a toda costa, que aprenda (ya lo hace espontáneamente), es mejor secundarle en sus intentos y sus curiosidades, acompañarlo en las dificultades.

2. Está nervioso o enfadado

¿Está nervioso con frecuencia o tiene manifestaciones de rabia? Es normal. Aunque vuestra actitud pueda ser a veces la causa, vuestro hijo no la tiene tomada con vosotros: necesita, simplemente, manifestaros su desacuerdo, su estado de ánimo, liberar sus emociones. ¿Qué puede haber ocurrido? Quizá el tiempo que le habéis dedicado no ha sido como él se lo esperaba, quizá quiere coger un juguete y no alcanza, ha recibido un «no» demasiado contundente, le han regañado, ya no tiene más hambre y se siente obligado a acabar lo que tiene en el plato, está cansado, no se siente comprendido, no tiene ganas de acabar los deberes.

Como veis, son motivaciones sencillas, mínimas, que pueden presentarse todos los días. Pero existen otras más graves: por ejemplo, el estado de nerviosismo causado por unos padres violentos, ariscos, demasiado rígidos o demasiado distraídos. Cuanto más pequeño es un niño más absorbe las emociones de los padres (sobre todo las de su madre). Si en casa hay tensiones o preocupaciones (tristeza, rabia, angustia, críticas, rencores, envidias), se ve arrollado por todas estas emociones, como si lo arrastrara la corriente de un río. No es capaz de gobernarlas: la única forma que conoce es manifestarlas con el cuerpo, con la voz, con el desacuerdo. Con frecuencia, no sabe ni siquiera por qué lo hace, aún no está capacitado para entenderlo. Si le preguntas: «¿Por qué lo has hecho?», es probable que te conteste que no lo sabe, pero que no ha podido evitarlo. Por eso es tan importante evitar las tensiones que, luego, él acumula y no sabe cómo gestionar.

En esos casos, lo importante es que consiga liberarlas sin sentirse confuso. Cuando se muestre agresivo, manteneos firmes y, al mismo tiempo, receptivos y conciliadores, evitad regañarlo y mostraos dispuestos a ayudarlo: «Cariño, ya sé que estás muy enfadado... Enfádate todo lo que quieras, yo estoy aquí para ayudarte, puedes desahogarte... No pasa nada».

> Si consigue percibir calma y ausencia de juicios negativos en el adulto, apenas se le pasa la rabia se tranquiliza de forma natural (o rompe en un llanto liberador).

3. *Necesita estar con sus padres*

Si cuando estáis con él tenéis la cabeza en otra parte, no os apetece o lo hacéis todo deprisa y corriendo, es obvio que el tiempo que pase con vosotros no le va a parecer suficiente. Si, por el contrario, os concentráis en él, lo implicáis en el juego o en lo que estéis haciendo en ese momento (la colada, la cena, o le dais un papel si estáis delante del ordenador o, si es mayor, una agenda vieja para que se sienta «como si estuviera en la oficina»), basta muy poco para que esté satisfecho y con su necesidad de atención colmada.

Con frecuencia, aconsejamos a los padres que vuelvan a casa del trabajo un poco más tarde, que se concedan tiempo para dar un paseo, tomarse un café con los amigos, incluso quedarse un rato en el coche con los ojos cerrados. Si no recuperamos las fuerzas, ¿cómo vamos a tener la energía necesaria cuando abramos la puerta de casa y nuestros hijos nos quieran enteramente para ellos?

4. Sus peticiones no son escuchadas (sin motivo)

A veces puede sentirse frustrado porque sus peticiones se ven rechazadas sin que exista una motivación real y concreta. Cuando los niños empiezan a gatear, por ejemplo, se meten por todas partes, tocan y cogen todo lo que encuentran en su camino. Los padres tienden a decir «¡no!» incluso cuando no hay peligro alguno (en realidad, casi nunca hay peligros si el adulto está con él controlando la situación y sus movimientos o si secunda su curiosidad dejándole tocar el objeto que ha llamado su atención antes de volverlo a poner en su sitio, excluyendo, claro está, los objetos peligrosos, cortantes o afilados).

Para vuestro hijo es muy frustrante sentir la necesidad de satisfacer una curiosidad y verse frenado, inmediatamente, por un «¡no!» que para él no tiene justificación alguna. Con frecuencia, de hecho, esto ocurre entre las paredes del hogar, donde no hay precipicios, coches a toda velocidad o animales feroces, solo sillas, mesitas, sofás, objetos de adorno, mandos a distancia, teléfonos... Cosas que, con vuestra guía y ayuda, puede tocar, descubrir, experimentar con ellas, sin hacerse daño. Algo que para él es una auténtica bendición, además de una forma de mantener bien alta su autoestima. En su cabeza, de hecho, los pensamientos que cruzan son estos: «Yo diría que si toco eso de ahí, se caerá», «Yo diría que si me subo ahí, estaré más alto», «Qué colores más bonitos, quiero saber qué forma tienen» (los niños, en esta fase, necesitan llevarse a la boca las cosas y tocarlas para conseguir conocer y «memorizar»: tienen que vivir las experiencias en primera persona, no que se las cuenten), «Yo también quiero acercarme ese auricular a la oreja, como papá».

Si recibe un «no» ante todo esto, su primera reacción es pensar: «¡Soy tonto! Lo que siento en mi interior y el mundo exterior no coinciden, no estoy en sintonía... ¿Hay algo que no funciona en mi interior? Si papá y mamá siempre me dicen "no" quizá sea así, eso quiere decir que ya no me quieren, que para ellos no soy especial...» (inseguridad, frustración, falta de autoestima).

Cuando ya sea algo mayor, es posible que sigáis diciéndole «no» a priori, por ejemplo cuando os dice que quiere cruzar la calle él solo y podríais permitírselo, evitando los peligros, pero no lo hacéis: «¡Claro, espera!, compruebo que no venga ningún coche y te digo cuándo puedes cruzar. Yo te vigilo, tú echa a correr... ¿Te ha gustado? Puedes cruzar cuando yo te diga, ¡pero si vienen coches dame la mano!».

O cuando os pide otra chuche. Pedir dulces de algún tipo siempre esconde una necesidad afectiva no satisfecha. Mientras existe la necesidad de subsanar esa carencia es inútil privarlo de un caramelo. No estamos hablando de cien caramelos al día, sino de tres o cuatro, a veces hasta cinco (dependiendo del tamaño del vacío afectivo). Al principio, por ejemplo, V. se comía más de diez al día. Podemos asegurarte, por experiencia, que los hijos de familias más equilibradas, como la tuya, tienen necesidad de comerse un número de caramelos muy inferior. Si no se les niega, ellos son los primeros en decir basta; si, en cambio, sienten la privación desean y piden cada vez más.

Por otro lado, a los adultos nos ocurre lo mismo. ¿Qué ocurriría si os ponen delante una bandeja llena de pasteles y os dicen: «Tomad, pero comeos solo uno, que os pueden hacer daño y, además, hay que compartirlos con los demás»? Es muy probable que no os quedéis saciados y que sintáis el impulso de comeros toda la bandeja. Si, en cambio, os dicen: «Comed todo lo que queráis, si os acabáis la bandeja no os preocupéis, hay otras tres en la nevera», ¿cuántos pasteles os comeríais? Probablemente, cuando vayáis por la mitad de la bandeja ya estéis saciados; si acaso, os comeréis un último pastel, pero no más.

Con vuestro hijo ocurre lo mismo. Si se siente secundado no necesita pedir más de manera obsesiva: consigue satisfacer su curiosidad y su necesidad, se tranquiliza, no desarrolla tensiones que luego tiene que gestionar con eternos tiras y aflojas.

¿Cómo os han programado de pequeños?

Cuando os ha surgido una oportunidad, ¿habéis pensado alguna vez que no ibais a ser capaces de aprovecharla, que no erais la persona idónea, que no estabais a la altura? ¿Os ha angustiado imaginar lo que podría pasar si os equivocáis? ¿Habéis sentido que no sois lo bastante competentes como para llevar a buen puerto un proyecto? Todas estas dudas y estos condicionamientos surgen en vuestro interior porque durante vuestra infancia os han inducido a sentir estas emociones justo mientras intentabais experimentar cosas nuevas y los adultos os lo han impedido, puede que incluso dándoos una palmada en la mano.

Este es el motivo por el que los adultos buscamos con tanto ahínco la seguridad, aunque lograrla implique, con frecuencia, infelicidad, depresión, tristeza, resignación ante la idea de que no se puede tener todo. Vivimos inmersos en el miedo ante cualquier novedad: un nuevo proyecto, cambiar de trabajo para realizar nuestros sueños, intentar mejorar en cualquier ámbito de nuestra vida, desde perder peso hasta incluso establecer una relación más feliz y serena. Hemos sido programados para creer que aquello que intuimos en nuestro interior está equivocado, no se hace.

Por eso muchas personas son tan inseguras y no saben qué quieren de la vida: el hilo que los mantenía en contacto con su voz interior ha sido cortado. Sabemos que esto os puede parecer un poco simplista, pero nuestra experiencia nos ha demostrado que las dificultades interiores y los condicionamientos del pasado pueden ser resueltos rápidamente, una vez que se ha localizado la causa y se ha encontrado el plano adecuado para desmontarla. Y, ahora, dos pequeñas reflexiones:

La primera es que es inútil juzgar y condenar a vuestros padres por las dificultades que hayáis tenido en la vida: ellos también fueron educados por adultos que ignoraban estos principios. Todos actuamos basándonos en los conocimientos y en las competencias que tenemos: vuestros padres no tienen culpa, lo hicieron lo mejor que pudieron (igual que vosotros no tenéis culpa, aunque estéis haciendo lo mismo con vuestros hijos).

La segunda reflexión (y ahora entenderéis mejor por qué insistimos tanto en la importancia de secundar las necesidades interiores de vuestro hijo) es esta: lo que hagan hoy los niños es algo que se llevarán consigo toda la vida, podéis convertirlos en adultos valientes, sensibles, determinados, dotados de sentido ético y capaces de perseguir la felicidad y de alcanzar sus sueños o, por el contrario, en adultos miedosos, hipercríticos, quejumbrosos, egoístas, con una actitud pasiva ante la vida y todo cuanto ocurre a su alrededor.

5. *Expresa un deseo*

No sabe cómo decirlo, cómo pedirlo, lo intenta repetidas veces pero no le escuchamos ni le secundamos (nosotros no lo entendemos, le decimos que no o que ahora no tenemos tiempo), así que quema su último cartucho: el de la rabieta, que le permite llamar a la fuerza nuestra atención, para bien o para mal, y liberar la tensión emocional (llorando y enrabietándose).

6. *No se ha sentido comprendido*

Quiere indicarnos que ha hecho un descubrimiento y no le hacemos caso, llega cansado del colegio y le decimos que se ponga enseguida a hacer los deberes, se ha peleado con un amiguito y le decimos que no tiene importancia, está decepcionado porque ha sacado una mala nota que no se esperaba y le decimos que la profesora habrá tenido sus motivos para suspenderle... En todos estos casos el niño no se ha sentido apoyado: no le hemos hecho sentir que le entendemos, que estamos con él y que estamos dispuestos a ayudarlo: «¡Sí, claro que me he fijado! ¡Un perrito corriendo!», «Cariño, descansa un poco, juega, merendamos y en cuanto repongas fuerzas te pones a hacer los deberes... ¿te apetece?», «¿De verdad que Julio te ha sacado la lengua? Vaya... ¿y tú cómo te has sentido? ¿Sigues enfadado?», «Cariño, es solo una nota, tú sigues siendo el mismo. ¿Te has sentido avergonzado delante de tus compañeros? ¿Tenías miedo de mi reacción, piensas que has decepcionado a la maestra? Venga, vamos a estudiar juntos, ¡verás como la próxima vez te sale mejor!».

7. Quiere atraer nuestra atención

Os vamos a poner un ejemplo un poco extremo, pero perfecto para ilustrar el tema que trataremos. Hace unos meses, volvimos en tren de un evento; teníamos por delante unas diez horas de viaje. Un par de filas delante de la nuestra, iban una madre y su hijo; el niño tendría unos once años. Durante todo el trayecto ella no apartó la vista del móvil ni él de la *tablet*, seguramente concentrado en un videojuego. Solo intercambiaron un par de frases a la hora de la comida (la madre preguntó al niño de qué prefería el bocadillo y qué quería beber, y le dijo que cogiera una servilleta), cuando él le pidió que le dejara pasar porque quería ir al baño y cuando ella le dijo que posara para hacerse un *selfie* juntos (¡¡¡entonces hasta sonrieron!!!). A nuestro parecer, eso es horrible. Por suerte, se trata de un caso extremo. Con respecto al otro extremo, sin embargo (las atenciones afectivas que necesitan los niños de todas las edades), con frecuencia nos limitamos a quedarnos a mitad de camino.

> Vuestro hijo necesita que el tiempo que pasa con sus padres sea de más calidad.

8. Necesita descargar la tensión emocional

A veces habréis pensado que sus rabietas no obedecen a ningún motivo aparente. Estáis por fin en casa, vosotros de regreso del trabajo, él del colegio. Estáis totalmente tranquilos, él está jugando pacíficamente cuando, de repente, empieza a ponerse pesado, no hay forma de que se quede conforme, os agobia, está cada vez más nervioso y... ¡rompe a llorar como un histérico! A veces pasa.

Como todos los mamíferos, en cuanto se siente seguro desahoga todas las tensiones acumuladas a lo largo de la jornada y cualquier excusa es buena para hacerlo. Evitad regañarle, enfadaros con él o sentiros culpables: permaneced a su lado, decidle que entendéis lo que le pasa, que estáis ahí para ayudarle y que puede llorar todo lo que quiera, hasta que se desahogue del todo.

Cierto, lo ideal sería evitar de raíz todo lo que genera tensión (igual que con nosotros, los adultos), pero cuando eso no sea posible ayudadle a descargar sus emociones evitando decirle: «¡Deja de llorar de una vez!».

9. Quiere defender su territorio

Es un instinto típico de la fase egocéntrica: vuestro hijo necesita desarrollar sus seguridades también a través de la posesión, saber que los juguetes son suyos, que mamá y papá son suyos. Además (sobre todo en los primeros tres o cuatro años) todavía no ha desarrollado las capacidades cognitivas y las condiciones emocionales que le permiten tomar en consideración las necesidades de los demás, aceptar que los objetos o los lugares puedan ser también de otras personas. Todo le parece suyo, y cuando advierte que algo amenaza su territorio siente la necesidad de defenderlo. La «rabieta» se activa en el preciso instante en el que siente que su seguridad disminuye y no se siente protegido.

10. Teme ser juzgado y lo vive como un estrés

Está aburrido, cansado, tiene hambre, le duele algo, no consigue explicarse, arreglárselas él solo, algo no funciona como él se esperaba, no puede obtener algo que desea o que necesita.

Si se siente frustrado porque no sabe lo que quiere, si no consigue decidirse porque teme dar la respuesta equivocada o decepcionar a sus padres, lo ideal es no juzgarlo, no obligarle a que elija si no es estrictamente necesario (o la elección no se adecua a su edad). Pedidle que os diga qué le dice su corazón, qué le dice su tripita, qué querría si tuviese la posibilidad de ver satisfechos todos sus deseos.

11. Imita la conducta de los adultos y se adapta

Existe otro motivo por el que vuestro hijo puede asumir una actitud caprichosa: es más engañoso, más sutil, más oculto que los demás pero es mucho más poderoso de lo que os podáis imaginar. El niño, a veces, se muestra caprichoso porque imita la conducta de sus padres. Frente a un adulto que tiene arranques de ira, se muestra nervioso, violento, insatisfecho, irascible, etc., acaba por creer que se debe, o se puede, actuar como él y cada vez que tiene un problema o no consigue hacer frente a sus emociones se adapta para reaccionar de la misma forma. Es posible que no suelte tacos ni dé puñetazos sobre la mesa, pero llora, grita o arremete contra los objetos que tiene a la vista. La sustancia no cambia.

> Si sois comprensivos, si no perdéis la paciencia y sabéis gestionar de forma adecuada su emotividad, él os imitará y hará lo mismo.

¿Por qué no nos escucha, no ordena sus cosas y no se acaba lo que tiene en el plato?

Entender las motivaciones profundas de vuestro hijo es importante: si sintonizáis con su estado de ánimo os resultará más fácil encontrar la forma. En las siguientes páginas os presentaremos algunas situaciones comunes y las posibles causas de sus comportamientos «caprichosos». Más adelante veremos juntos, en cambio, las soluciones prácticas para acabar con ellos.

¿Por qué no os escucha ni os hace caso?

a) *Porque no os ha entendido él*

Podéis repetirlo, podéis explicaros mejor, podéis mirarle a los ojos mientras le habláis o le pedís que haga algo. Si está haciendo oídos sordos, seguramente tendrá un buen motivo para hacerlo. Es mejor que resolváis eso, en vez de destrozaros las cuerdas vocales repitiendo como un disco rayado: «Escucha, escucha, escuchaaaa». Es totalmente inútil.

b) *Porque no le habéis entendido vosotros*

Quizá os ha contestado y vosotros no le habéis oído, o bien él se esperaba una respuesta distinta por vuestra parte. Quizá si no os escucha es porque quiere que vosotros se lo repitáis, así estáis más tiempo juntos, o piensa que vosotros, aunque os pongáis nerviosos, le dedicáis así más atenciones.

c) *Porque quiere defender su postura*

Quizá no tengáis claro por qué quiere hacer o no hacer algo, o por qué prefiere una cosa en vez de la otra. Quizá, en otras palabras, no se siente comprendido y tiene excelentes motivos para pedir lo que pide. En este caso, podéis valorar si secundarlo o decirle que no de otra forma.

d) *Porque quiere defender sus sentimientos*

Vuestro hijo experimenta sentimientos y emociones igual que vosotros, pero no sabe todavía expresarlos (nos cuesta hasta a los adultos...). Si no consigue comunicarlos queda atrapado por ellos, activando malhumores que no consigue explicar o gestionar. A veces puede sentir que justificáis la situación, ignorando o despreciando lo que él siente («Si no tienes ganas de ir al colegio, ya te pueden ir entrando porque vas a ir de todas formas», «La profesora habrá tenido sus buenos motivos para hacer eso», etc.). Si se pone caprichoso tiene rabietas, es para comunicaros que no le habéis entendido, que puede que lo que decís sea verdad pero que eso no impide que él sienta miedo, dolor o insatisfacción. Es mucho mejor escucharle, decirle, por ejemplo: «Ya sé que no quieres ir al colegio, que estás cansado y que te aburres. Tienes toda la razón, lo siento. Cuando vuelvas, ya se nos ocurrirá algo divertido que hacer». Si os hacéis partícipes de sus sentimientos no necesitáis hacer mucho más: él se siente comprendido, se tranquiliza y hace lo que debe hacer.

e) *Porque no tiene otra forma de haceros entender sus razones*
Si lo escucháis y le secundáis una vez sí y cuatro no, esas cuatro veces lo intentará todo para hacerse entender y ver satisfechas sus exigencias. Si os esforzáis en escucharlo y secundarlo siempre, la cosa cambia: cuanto más os pongáis de su lado, más lo observéis, más lo conozcáis, más fluida y armoniosa será vuestra relación.

¿Es difícil? ¿Cuesta trabajo? Puede que sí, al menos al principio, pero más adelante encontraréis un espacio totalmente dedicado a cómo superar las dificultades iniciales.

¿Por qué no quiere acabarse las judías verdes?

A la hora de las comidas, con frecuencia, la mesa se convierte en un ring: de un lado, él, que no quiere acabarse lo que tiene en el plato o no quiere ni oír hablar de comer otra cosa; del otro, vosotros, que no dejáis de insistirle y que ya no sabéis qué hacer. Recurrís a pequeños chantajes: «Si te comes todas las judías, te doy luego una chocolatina; si no, ¡nada!». Podemos analizar la situación desde otra perspectiva, más cercana al punto de vista de vuestro hijo, que os ayudará a desactivar fácilmente estas dinámicas.

En este caso, por ejemplo, en vez de intentar modificar su conducta (queréis que haga lo que vosotros decís y que deje de rebatiros), podríais intentar remontaros a su motivación profunda. Si no actuáis así, él se siente incomprendido o agredido: es natural que reaccione poniéndose a la defensiva y plantándoos cara.

¿Por qué no quiere acabarse esas benditas judías? Seguramente tendrá un motivo; de no tenerlo, haría justo lo que os ve hacer a vosotros: se acabaría el plato y se iría a seguir jugando. Es posible que, sencillamente, no tenga más hambre. Es un motivo mucho más frecuente de lo que os imagináis, aunque los adultos no siempre lo tengamos en cuenta. Con frecuencia, estamos demasiado preocupados en mantenernos firmes en nuestro punto de vista como para darnos cuenta, pero muchas veces pensamos que nuestro hijo necesita una gran cantidad de comida para estar «lleno». En realidad, él necesita mucha menos cantidad de la que pensamos, tanto para satisfacer su apetito como para recuperar la energía que necesita para aprender y jugar. Basta con recordar los platos llenos de papilla que les damos para destetarlos: a las cinco, diez cucharadas como máximo, el niño empieza a dar señales de que está harto, a darnos a entender que ya está lleno y que no quiere más (¡a esa edad su estómago es muy pequeño!). Nosotros nos resentimos porque se la hemos preparado con todo el cariño del mundo, porque hemos hecho mucha y vamos a tener que tirar la que sobre, porque tenemos miedo de que no coma lo suficiente. Empezamos a decirle las típicas frases: «Venga, cariño, come, te lo suplico, hazlo por mamá...». Luego entran en escena los pajaritos, los avioncitos y demás estratagemas similares. Todo con tal de que se acabe la papilla, sin pensar, ni por un segundo, que quizá la cantidad sea excesiva y que él ya no tiene más hambre. Los adultos hemos perdido la costumbre de escuchar a nuestro cuerpo y no vacilamos en atiborrarnos hasta límites increíbles, somos capaces de terminar tan ahítos que nos cuesta levantarnos de la mesa, pero los niños no. Los niños aún están perfectamente comunicados con sus sensaciones corporales y saben cuándo hay que decir basta, saben parar antes de estar demasiado llenos, en caso de no hacerlo así... ¿cómo iban a volver a jugar? Aunque, según vuestro criterio, hayan comido poquísimo. Un consejo útil en este caso: empieza dándole porciones más pequeñas (siempre hay tiempo para un bis, incluso dos).

Si, en cambio, tiene hambre pero se empeña en no comer, es posible que quiera llevaros la contraria porque está enfadado con vosotros. «¿Enfadado con nosotros? ¡Imposible! ¡Le damos todo lo que quiere, no escatimamos esfuerzos, estamos a su entera disposición!». Es difícil aceptarlo, lo sabemos, pero...

> Los motivos por los que puede estar enfadado con vosotros son innumerables aunque, con frecuencia, pasen desapercibidos a la vista.

Ya os debe haber quedado claro que vuestro hijo no siempre consigue identificar o expresar sus emociones: difícilmente será capaz de observar en su interior y expresar la causa de su malestar, ofreciéndoos un paquete completo con la solución incluida. Al igual que os ocurre a vosotros, las pequeñas o las grandes frustraciones que va acumulando a lo largo del día pueden aflorar en el momento más inesperado. Por ejemplo, justo cuando acabáis de hacerle su plato preferido y os estáis sentando a la mesa para comer con él tranquilamente.

En el horizonte no se detecta señal alguna de la tormenta que está a punto de desencadenarse y, sin embargo... «¡No quiero comer!», «¡Esto no me gusta!», «¡Me da asco!», etc. Si observáis la situación desde su punto de vista, descubriréis que para él estallar justo en esos momentos es un clásico. Sabe que vosotros estáis tranquilos, que no estáis ocupados con otro asunto, que no tenéis que salir corriendo para ir a trabajar y que estáis sentados a su lado o frente a él. Es igual que cuando empieza a remolonear y hacer pucheros un minuto antes de ir al colegio. Sabe que esos instantes son muy importantes para vosotros (en el caso de la hora de la comida porque para vosotros es crucial que coma y esté bien alimentado; en el caso del colegio porque vais con prisa y tenéis que resolver el problema sí o sí). Si no estáis ocupados con otra cosa, pondréis más atención y emplearéis más energías en resolver la situación: durante unos instantes os olvidaréis de todo y os pondréis a su disposición con tal de «zanjar el problema». La jugada le ha salido perfecta: ¡por fin ha obtenido la atención que desea! No porque sea un pequeño tirano o un crío mimado, sino porque así está seguro de que se ha recortado un pequeño espacio para él, unos instantes en los que vais a escucharlo. Sabe que el precio que va a pagar por teneros enteramente para él es que lo hagáis enfadados, pero, a falta de algo mejor, los niños se conforman con eso.

En definitiva, vuestro hijo, a veces, se pone caprichoso porque ha comprendido que portarse así es un método infalible para llamar vuestra atención (con frecuencia, el único, desgraciadamente).

Lo que podéis hacer es evitar enfadaros con él, intentar entenderlo, descubrir cuál es la verdadera motivación de su conducta. Intentad hacer un balance de las últimas horas o los últimos días (si el problema de la comida existe desde siempre es conveniente que os remontéis más atrás, a partir del embarazo): pensad en si habéis cometido algún fallo, en si habéis descuidado algún aspecto de vuestra relación. Si no encontráis la causa, podéis mostraros más atentos, menos dispuestos a «estallar», para evitar que él se vea obligado a recurrir a estas estratagemas. Si recibe las atenciones necesarias a lo largo del día, si sabe que cuenta con alguien que le escucha y le apoya, si no tiene motivos para enfadarse, no se verá obligado a iniciar luchas de poder.

Por último, existe otra causa por la que podría negarse a comer judías. Es la más simple de todas: ¡no le gustan!

¿A vosotros os gusta todo? Es altamente probable que haya muchas cosas que no os gustan, que os producen rechazo, que no sois capaces de tragar. ¿Por qué no puede ocurrirle lo mismo a vuestro hijo? Ya hemos dicho que aprende a vivir imitando y absorbiendo cuanto ve en el ambiente que lo rodea. Si ha observado que sus adultos de referencia a veces rechazan algún plato, dicen «no me gusta» o no se acaban toda la comida, ¿no es lógico que piense que él también puede hacerlo?

¿Tan terrible es que se acabe las espinacas pero no el brécol, las zanahorias pero no el repollo? La alimentación tiene que ser variada y equilibrada, sí, pero también es una gran verdad que con los niños hay que ser elásticos y encontrar el adecuado punto de equilibrio cuidando, ante todo, la relación que tenemos con ellos.

> Las verdaderas dificultades no dependen de la comida, sino de la relación entre vosotros. Es mucho más importante cuidar nuestra relación con ellos y evitar que se produzcan heridas emocionales. Lo demás es secundario (y mejora como consecuencia).

¿Por qué no recoge sus cosas?

He aquí otra china (no precisamente pequeña) en el zapato de los padres. Lo habéis intentado todo. Se lo habéis pedido con buenos modos, se lo habéis exigido, le habéis gritado, os habéis desgañitado, habéis recurrido al chantaje («Si no guardas todos los juguetes, no hay tele»: en ese caso pueden acabar todos debajo de la cama o metidos en un cajón al tuntún, lo que no le ayudará, sin duda, a que madure su sentido del orden), habéis intentado, incluso, fingir que os da igual... Y nada. Vuestro hijo sigue sin ordenar su cuarto, es como si no viera que todos los juguetes están por medio (él no tropieza con ellos, vosotros puede que sí) y no tuviera ganas de ponerlos en su sitio (sobre todo si tiene que hacerlo él solo).

Es importante que desarrolle el sentido del orden: el orden exterior es sinónimo de orden interior. Es algo que podéis observar por vosotros mismos cuando vais de visita a casa de amigos o familiares: si la casa está desordenada, si la cabeza y los horarios de los padres también lo están, los niños, con frecuencia, son más nerviosos, distraídos y... desordenados.

En este caso, vamos a daros también algunos consejos para que empecéis a ver las cosas de otra forma. Podéis haceros alguna de estas preguntas: «¿Por qué no se ha puesto a ordenar en cuanto se lo he pedido?», «¿Cuál es su motivación profunda? (paso fundamental)», «¿Por qué se ha puesto caprichoso?». Los motivos, por lo general, no tienen nada que ver con lo que imaginamos («Le gusta verme enfadada», «Quiere hacerme perder el tiempo», «No entiende», «Ha salido a su padre», «¡Se está volviendo más vago que la chaqueta de un guardia!»). No. Si no quiere poner las cosas en su sitio, tiene un motivo válido, aunque a nosotros nos parezca absurdo o no lo entendamos.

DIARIO DE ANTONIO

TERREMOTO EN EL COLEGIO: ESCUPITAJOS Y SILLAS LANZADAS POR LOS AIRES

Desde hace ya tres viernes, a las 9.30, más o menos, me llaman puntualmente del colegio para que vaya a recogerlo. Esta vez, el asunto parece más grave de lo habitual: «¡O viene inmediatamente a por él, o avisamos a la policía!». Nada más llegar al colegio, me encuentro a C. sentado en el pasillo, junto a la entrada de la clase, al lado de la tutora, que está vigilándole. Pregunto qué ha pasado y empiezo a oír el mismo discurso de siempre, esta vez aderezado con algún que otro ingrediente añadido: escupitajos contra la pared, gritos, insultos al director, una silla lanzada por los aires, una patada a la puerta de seguridad... Llega una de las profesoras y, a gritos, empieza a echarme en cara todos los «crímenes» cometidos por C., acusándome de no haber sido capaz de encontrar una solución de común acuerdo con los asistentes sociales (todo ello en medio del pasillo, mientras no dejan de pasar niños y adolescentes y, sobre todo, delante de C., que lo escucha todo sintiéndose traicionado y humillado).

Encajo el golpe y, sin objetar nada ante su tono, comprensiblemente alarmado, me limito a responder: «Gracias, intentaremos solucionarlo».

C. ha mantenido la vista en el suelo todo el rato. Ha escuchado que no quieren que siga en el colegio, que estaban a punto de llamar a la policía. Está en secundaria (tiene doce años) y sé que ningún adolescente escupe contra la pared o lanza una silla por los aires si no tiene un buen motivo para hacerlo (válido para él y para su historia personal).

En teoría, si nos atenemos al decálogo de la educación tradicional, tendría que regañarle yo también, decirle que es un desastre, que no puede volver a insultar al director, que no se lanzan escupitajos contra la pared ni se dan patadas a las puertas (aunque no sirva para nada: el viernes pasado ocurrió lo mismo).

Pero regañarle solo serviría para que él se enfade todavía más: añadiría aún más leña a un fuego que ya está bastante vivo.

Durante todo el trayecto en coche, mientras yo hago ejercicios de respiración intentando alcanzar un distanciamiento zen, le pregunto qué ha pasado, por qué ha sentido el impulso o la necesidad de hacer lo que ha hecho. Reúno los datos intentando encontrar un nexo con lo ocurrido en los últimos tres viernes en los que ha explotado en el colegio. En los otros días de la semana no pasa nada. Y, sobre todo, en casa nunca ha tenido manifestaciones de rabia así de extremas. Es más, nosotros lo consideramos uno de los adolescentes más tranquilos que tenemos. ¿Su motivación? Cuando ha salido de casa ya se sentía muy nervioso y no sabe por qué. En el autobús del colegio, durante el trayecto, también se sentía sí.

Ya tenemos un hilo del que tirar.

¿Por qué estaba ya nervioso? ¿Qué ha ocurrido en casa? Su respuesta: «No lo sé, cuando me he despertado ya estaba enfadado». Ok. Ya hemos avanzado otro paso. Pregunta (a mí mismo): ¿qué ha ocurrido entonces la noche o la tarde antes? ¡Bingo! Ya hemos dado con la probable causa de que los viernes se transforme en un pequeño delincuente. Desde hace algunas semanas, el jueves por la noche, C. habla por teléfono con un familiar con el que, en realidad, no tiene ningunas ganas de hablar (el pasado que tienen en común no es precisamente de color rosa). Ese jueves por la noche no se habían producido señales evidentes de un violento cambio de humor, también porque nada más terminar de cenar se van todos derechos a la ducha; un rato en la habitación, hablando y bromeando con los otros chicos, y luego a la cama.

Ha llegado el momento de verificar la hipótesis. Decidimos, de común acuerdo con el colegio, que no vaya los viernes y que se quede en casa para vigilar directamente sus cambios de humor.

El viernes siguiente, C. se queda con nosotros, junto con los otros adolescentes adscritos al programa de educación familiar. Le decimos que puede hacer lo que quiera; él elige quedarse con Roberta y con los otros chicos mientras hablan del ciclo vital de las plantas. No ocurre nada durante todo el día: no se enfada, está más triste que otras veces, pero no presenta conductas agresivas o destructivas.

Llegados a este punto, aprovecho ese momento de calma para preguntarle qué le irrita tanto en el colegio: «Me molesta que el profesor explique y yo no lo entienda igual que los demás, me enfado porque me quedo atrás, me pongo nervioso y ya no soporto seguir en clase. Es superior a mis fuerzas, tengo que romperlo todo, no soporto los gritos del profesor, no soporto que me ignore o que se burle de mí».

A lo largo de las semanas conseguimos resolver la situación actuando en varios frentes: lo primero, acordamos con el colegio que C. pase la mañana con el profesor de apoyo, en un aula separada, para que reciba las explicaciones de acuerdo a su ritmo (C. se ha mostrado siempre muy reticente ante los métodos de aprendizaje clásicos, también por culpa de los traumas sufridos en otras escuelas; le cuesta integrarse en una clase en la que el profesor habla y los alumnos se limitan, pasivamente, a escuchar; su verdadera vocación ha sido siempre el dibujo y el bricolaje, fabricar el primer objeto que se le ocurra, aprender observando la realidad y llevando a la práctica lo que ha aprendido). Así, recibirá también su dosis de atención exclusiva, en vista de que en el aula solo estarán ellos dos.

Segundo paso: los asistentes sociales, después de informarles de lo ocurrido, suspenden la conversación del jueves por la noche con el familiar en cuestión.

Tercer paso: nos mostramos comprensivos con él evitando, en la mayor medida posible, que sienta el peso de la situación, que se sienta desadaptado o distinto de los demás. Intentamos no empeorar la situación con regañinas y castigos.

Le animamos para que se implique aún más en sus actividades preferidas: la cocina, los juegos manuales y los paseos en busca de materiales para sus construcciones. Las aguas vuelven a su cauce. Los episodios de rabia se van atenuando con el paso de las semanas y muy pronto los escupitajos contra la pared son un recuerdo del pasado.

Recordad:

Siempre hay una motivación válida detrás de un adolescente que lleva a cabo actos que nosotros nos limitamos a calificar como violentos o incívicos. A una conducta extrema se corresponde siempre una emotividad extrema, lacerada, llena de rabia y nerviosismo. Y esto es válido también para nosotros los adultos.

7

LAS OCHO NECESIDADES SUPREMAS DE VUESTRO HIJO

DIARIO DE ROBERTA

AL PRINCIPIO...

La habíamos dejado mientras estaba ocupada en realizar su sueño, y hete aquí que la Tierra se pobló por fin de niños de todas las edades que le aportaban color a los días que transcurrían sobre el planeta con sus sonrisas, sus gritos, sus cantos y sus juegos. Nuestra vivaz ancianita jugaba con ellos de vez en cuando y les contaba cuentos; otras veces se acercaba a ellos, silenciosamente, y los observaba mientras estaban jugando, sin molestarlos. Cuanto más los miraba, más se convencía de que los niños eran un regalo inmenso.

A pesar de que ella era la artífice de aquel esplendor, Madre Naturaleza seguía tomando apuntes porque siempre había algo nuevo que aprender de aquellas criaturas, algo con lo que enriquecerse cada día; de la aparente confusión de sus gestos se deducía siempre una perfecta armonía de intenciones... Todo tenía un sentido. Los niños se despertaban por la mañana temprano, con la salida del sol. Se lavaban la cara deprisa y corriendo, se restregaban un segundo los ojos y ya los tenías corriendo colina abajo hacia la gran encina que crecía delante de un silencioso espejo de agua que, a esas horas, creaba junto a los colores del cielo unos bellísimos juegos de luz.

Reunidos bajo la encina, todos los niños, los mayores y los más pequeños, escuchaban las historias que les contaban los adultos (los niños que habían llegado antes que ellos y que ya habían crecido), hacían preguntas y obtenían respuestas, escribían y hacían cuentas, muy atentos, entregados a aprender todo lo que les hacía falta para crecer. La curiosidad y los intereses personales de cada uno guiaban sus sentidos y los empujaban a experimentar; a veces, tenían éxito; otras, se equivocaban y tenían que volver a intentarlo. Siempre había alguien junto a ellos, dispuesto a ayudarlos, a escucharles. En el planeta Tierra los adultos siempre tenían tiempo para estar con los niños. Aunque estuviesen muy ocupados realizando sus sueños y trabajando para la comunidad, siempre encontraban un rato para cruzar su mirada con la de los niños, responder a sus preguntas, decirles dulcemente que sí o que no, repetirles las cosas y satisfacer su curiosidad...

Sobre este planeta, no mucho mayor que una cabeza de alfiler, estaba cobrando cuerpo un gran proyecto, un ejemplo para todas las galaxias: un mundo en el que los niños conviviesen pacíficamente con los adultos, en el que los más grandes pusiesen sus recursos a disposición de los más pequeños, en el que la infancia se consideraba un valor y los niños tenían plena libertad para expresar su naturaleza sin correr el riesgo de que alguien la coartase. ¿Una civilización evolucionada, superior, de ciencia ficción? Nada de eso. Una civilización humana, en la que los niños podían por fin disfrutar de un derecho sacrosanto y legítimo: ser ellos mismos...

¡Vivan los mimos y las zalamerías!

Cuántas veces habréis pensado que tenéis que portaros de una cierta manera para no mimar a vuestro hijo, cuántas veces os habrán dicho que lo estabais mimando en exceso hijo con vuestra actitud y vuestras atenciones...

No tengáis miedo, secundarlo en sus necesidades no es mimarlo. Si acaso, sería lo contrario: puede que, de mayor, desarrolle conductas propias de un niño mimado si no ha visto satisfechas sus necesidades infantiles (que no son caprichos, sino necesidades reales y concretas). Corre el riesgo de convertirse en un adulto frustrado, convencido de que jamás podrá obtener lo que desea porque la vida es muy dura y el mundo entero está en su contra.

Cuanto más nos sustraigamos a su necesidad de ser entendido y ayudado, más alimentaremos en él este tipo de sentimientos. Si, por el contrario, vamos a su encuentro, dejamos de pensar que está haciendo caprichitos y empezamos a concentrarnos en sus motivaciones profundas, haremos algo determinante para su futuro.

> Cuanta más atención recibe vuestro hijo, más nota que estáis dispuestos a interactuar con él, a colaborar, a guiarlo, más seguro se siente y mejor aprende a conocerse y a medirse consigo mismo.

Si no recibe la atención adecuada aprenderá muy pronto a obtenerla por sus medios, por ejemplo, subiéndose a donde no debe, haciendo cosas peligrosas (y exhibiéndose mientras las hace), levantando la voz mientras estáis hablando con alguien, rechazando hacer algo para activar el conflicto, pegando a su hermano, etc. Prestarle la atención adecuada no quiere decir someterse a su voluntad, no ejercer nuestro papel de padres, convertirnos en su felpudo. Todo lo contrario.

Os pedimos que os olvidéis de las típicas frases: «¡Pero si tiene todo lo que quiere!», «Si estoy siempre pendiente de él...», «¡Demasiado hago, con el poco tiempo que tengo!». Y no porque no sean verdad sino porque, a medida que empecéis a conocer a fondo su naturaleza y a secundarla con vuestras acciones cotidianas descubriréis que, en el fondo, son frases de circunstancia.

Estamos convencidos de una cosa: la mayor parte de los conflictos y de las incomprensiones nace porque el adulto interpreta la conducta del niño basándose en esquemas inexistentes. Cuanto más se acerca uno a su verdadera naturaleza, más aprende a alejarse de los prejuicios y de los falsos principios educativos que ha recibido (temática ya afrontada en nuestro libro anterior, *Las 7 idioteces sobre el desarrollo de los niños*), más armoniosa y sencilla se vuelve la relación.

Pero ¿cuáles son estas necesidades? ¿Cuáles son las prioridades del niño, además de comer, dormir y no estar demasiado expuesto al calor o al frío?

1. Sentirse querido y recibir mimos

Concedemos muy poca atención al cariño y a los mimitos. Estamos distraídos por la idea de que tiene que crecer deprisa, aprender, ser «capaz de», ser más guapo, más listo, entender quién es el que manda (una cosa muy distinta a ser conscientes de nuestro papel). También nosotros somos víctimas de ese tipo de educación, como lo fueron nuestros padres.

> Todos hemos sido víctimas de un modelo educativo lleno de limitaciones, deberes, falta de afectividad y a veces hasta con abusos. No es esto lo que vuestro hijo necesita para crecer sereno y feliz.

Cuánto hemos tenido a veces que sufrir, cuánto trabajo nos ha costado (y quizá aún nos cuesta) hacernos con un espacio de serenidad para que maduren en nosotros esos recursos que, desgraciadamente, no fuimos capaces de construirnos en la infancia... Lo mínimo que podemos hacer, por nosotros y por nuestros hijos, es invertir el rumbo. Intentad abandonar todo lo que se aleja de su naturaleza, abrazar sus exigencias.

Vuestro hijo necesita sentirse amado y mimado, vivir su infancia. Cuanto más tiempo dediquéis a cogerlo en brazos, a acariciarlo, a jugar con él, a decirle cuánto le queréis y qué suerte tenéis por tenerlo a vuestro lado (sobre todo durante sus primeros siete años de vida) más pronto empezará él a sentirse querido: llegados a ese punto no necesitará defenderse, oponerse, desencadenar conflictos.

No podemos esperar tener un niño cariñoso y «educado» remitiéndonos a reglas, límites y deberes. Antes tenemos que amar, hacer mimitos, proteger y apoyar. Es una ley natural.

Por lo demás, el modelo educativo tradicional, basado en castigos, deberes, rigidez y miedo ha fracasado clamorosamente. Para comprobarlo no tenéis más que mirar alrededor y preguntaros: ¿cuántos adultos realizados conozco? ¿Cuántos de ellos son realmente independientes y maduros? ¿Cuántos no sienten hastío por su familia de origen, no se enfadan, no critican, tienen una actitud positiva y eficaz ante la vida? Y ahora pensad en vuestra infancia: ¿qué experimentabais cuando no os sentíais comprendidos por vuestros padres, cuando veíais que se obstinaban en emplear un método que no tenía nada que ver con vosotros? Los niños que crecen en un ambiente en el que se sienten queridos y mimados tienen capacidades netamente superiores, de adolescentes y de adultos, a las de los que han sufrido privaciones afectivas o se han visto sometidos a reglas demasiado rígidas.

2. Sentirse entendido y aceptado por lo que se es

Haga lo que haga, vuestro hijo siempre tiene un motivo válido para hacerlo (aunque sea algo tan simple como que no sabe que si una cosa se cae, se rompe; o que si se sube a una silla, el que puede caerse es él). Todo lo que desea es sentirse aceptado por lo que es y por lo que hace (repetimos: haga lo que haga). El consejo que os damos en este caso es el siguiente: haced un esfuerzo y no lo juzguéis negativamente, evitad decirle que se ha portado mal, que ha sido un niño malo, que es un burro y que eso no se hace, dadle ejemplo, mostraos comprensivos, ayudadlo, buscad su motivación profunda, preguntaos siempre cuál es el porqué.

3. Sentirse apoyado en su crecimiento

A veces, exigimos de él cosas que no puede darnos debido a su edad. Cuando es un bebé nos preguntamos cuándo empezará a andar, de adolescente por qué no nos hace caso... A los seis o siete años, por ejemplo, pretendemos que haga los deberes él solo, que se haga responsable de la mochila, el estuche... Pensamos: «Antes o después tendrá que aprender a hacerlo...».

En realidad, no es así. A esa edad es demasiado pequeño para arreglárselas él solo y para asumir responsabilidades de forma autónoma. Es natural que tengáis que estar con él para que haga los deberes, ayudarlo a hacer la mochila y enseñarle cómo se hace hasta que aprenda a hacerlo él solo (algo que ocurre, de forma espontánea, en la segunda fase, a partir de los ocho años).

Todo ocurre a su debido tiempo: si observáis atentamente a vuestro hijo, él mismo os permitirá intuir, en todo momento, cuáles son sus necesidades y sus capacidades. Si le secundáis sin pretender nada más, será él mismo quien deje aflorar, espontáneamente, las habilidades y herramientas que la naturaleza ha previsto para él.

4. Sentirse libre para experimentar

A cuántos padres habréis visto yendo detrás de sus hijos y diciéndoles: «Eso no se toca», «No corras», «Cuidado», «Eso no, que se rompe», «Ahí no vayas», «No, que terminas sudando», «No, que te ensucias», «Para ya», «No empieces a desordenarlo todo».

¿Qué habría ocurrido si la madre de Miguel Ángel o la de Picasso hubiesen dicho a sus hijos que no se ensuciasen pintando, si el padre de Valentino Rossi le hubiese recomendado que fuera despacio y que no corriese?

A veces es fundamental ensuciar y ensuciarse, sacar todos los juguetes, correr, sudar, caerse, levantarse. Vuestro hijo aprende experimentando. No es capaz de hacerlo leyendo un libro o repitiendo de memoria reglas y fórmulas: ¡eso es contrario a su naturaleza! Cuando juega o descubre algo nuevo es fundamental que pueda moverse libremente, explorar, tocar, desmontar, incluso romper algo.

Todas estas cosas no tiene que hacerlas solo, abandonado a sí mismo (con el riesgo de hacerse daño); tampoco hace falta que estés todo el tiempo jugando con él; aunque estéis cocinando o haciendo cualquier otra cosa, miradlo, escuchadlo, comentad juntos lo que está haciendo. En torno a los cuatro o cinco años, cuando empieza a ser más independiente jugando, dejadle en libertad para que experimente, descubra, invente. Permaneced a su lado para disfrutar con sus descubrimientos, para darle la mano si lo necesita, pero dejándole libre para que se exprese y sea él mismo, sin ahogar sus iniciativas. Aunque os parezca paradójico es una excelente manera de enseñarle a tener cuidado con las cosas que tiene alrededor y con las que usa para jugar.

5. *Responder al instinto de aprender*

Como a Ungenio Tarconi, a vuestro hijo también se le enciende a veces una bombilla en la cabeza: tiene intuiciones y hará todo lo posible por verificarlas. Para él es vital.

Si le decís siempre (o con frecuencia): «Eso no, que es peligroso», «No hagas eso», terminará actuando a escondidas, con tal de seguir su instinto natural de crecer y aprender. Si os esforzáis en secundarlo, en cambio:

— *Evitáis que corra peligros.*

— *Lo ayudáis* a *aprender sobre la base de sus intuiciones* (y su autoestima se mantiene vertiginosamente alta).
— *Evitáis que insista*, desafiándoos y desencadenando el conflicto.
— *Evitáis que actue a escondidas* (haciéndose daño o liándola buena).
— *Satisfacéis en el acto su necesidad*, su curiosidad, y la armonía entre vosotros aumenta porque se siente comprendido y satisfecho.

6. Colaborar

Vuestro hijo no es un pequeño salvaje al que hay que meter en cintura, que solo quiere jugar (para él eso es una cosa muy seria) o que vive en su mundo (ojalá pudiésemos recuperar también nosotros un poco de ese mundo...). Esa es una falsa creencia.

En realidad, desea ardientemente colaborar, imitaros (haciendo las cosas que os ve hacer a vosotros: cocinar, ordenar, hacer la colada, barrer el suelo, etc.) para poder aprender, para pasar tiempo con la persona a la que ama y para satisfacer esa apremiante necesidad que se llama «hacerse mayor». Pero con una condición:

> Quiere colaborar con personas a las que aprecia (al igual que vosotros, por otra parte).

Si no os aprecia, si le desilusionáis, con el tiempo dejará de tener interés en seguir vuestros pasos, en ayudaros, en imitaros para aprender. Seguirá buscando modelos, pero en otra parte (la televisión, amigos, familiares).

7. Saber que es perfecto tal y como es

Sea lo que sea lo que os diga o lo que haga, vuestro hijo necesita sentirse amado. También cuando se equivoca. Apartad de la cabeza la idea de que si lo miráis mal, le regañáis, cambiáis el tono de voz y le hacéis ver, con sequedad, vuestro desacuerdo, la próxima vez no se equivocará. No funciona así: para él es importante que lo acojáis y aceptéis siempre, que lo ayudéis a entender qué ha ocurrido sin juzgarlo y le indiquéis cómo debe actuar la próxima vez.

Como ya hemos insinuado, cuanto mayor se hace, más cuenta se da él solo de sus propios errores (es un proceso instintivo). Si lo aceptáis y lo comprendéis no se ve obligado a ponerse a la defensiva y, al calor de vuestra protección, memoriza la lección de vida aprendida. Si, en cambio, lo juzgáis y le regañáis, aunque solo sea haciendo una mueca de disgusto (a veces es más potente que mil palabras), activáis en él el nerviosismo, el miedo y la falta de autoestima que bloquean su proceso de aprendizaje.

Vuestro hijo es perfecto tal y como es. También cuando tropieza porque iba distraído: puede pasaros a vosotros también cuando os dais la vuelta para mirar un escaparate o un coche bonito.

Vuestro hijo es perfecto tal y como es. También cuando saca una mala nota. ¿Vosotros nunca habéis tenido dificultades para entender algo, os habéis sentido cansados y no habéis conseguido dar lo mejor de vosotros mismos?

Vuestro hijo es perfecto tal y como es. También cuando se pelea con su hermano o con su hermana. ¿Cómo os sentíais vosotros cuando os pasaba eso mismo, cómo os sentís cuando discutís con un colega o con vuestra pareja?

Y es perfecto también cuando rompe un objeto valioso: ¿a vosotros no os ha pasado nunca?

8. *Saber que papá y mamá lo comprenderán siempre*

Situad en primer lugar la comprensión y la capacidad para aceptarle. Para él son una fuente de seguridad infinita, son el carburante perfecto para mantener alta su autoestima, para ayudarlo a que coja confianza con sus habilidades pero también con sus debilidades, para hacerle explotar de la mejor forma sus recursos mientras crece siguiendo su verdadera naturaleza, aprendiendo a vivir serenamente y a sentirse satisfecho consigo mismo.

Si no maduráis estas características o si él no consigue percibirlas en vosotros (aunque no os guste escucharlo, la responsabilidad nunca es suya) se sentirá frágil y, para anestesiar su miedo, se pondrá instintivamente a la defensiva, manifestando su malestar o activando las dinámicas típicas de la rabieta.

8

CÓMO TENER UN HIJO QUE SIGA LAS NORMAS, NO CONTESTE MAL Y COLABORE

DIARIO DE ROBERTA

MAMÁ LOBA Y SUS CACHORROS

Había una vez, en un bosque lejano, aunque no demasiado, un gran lobo blanco que vagaba solitario en busca de presas entre los altos alerces o detrás de los arbustos. A veces, llegaba hasta las cimas más altas, donde ya no crecen árboles y el verde cede el puesto a la roca desnuda, al musgo y los líquenes. Era un lobo valiente: dominaba el territorio, era un excelente cazador, sabía defenderse de sus enemigos, amaba la soledad.

Pero la vida es como es y, con frecuencia, sigue su curso llevándonos a donde nunca hubiéramos pensado que íbamos a ir. Así, un buen día, el lobo vislumbró entre las sombras del bosque una bellísima nube blanca, suave y seductora. Escuchó el delicado sonido que producía al pasar entre las hojas rozándolas, siguió el rastro de su perfume y, en un santiamén, se encontró frente a la imagen más bella que había visto en toda su vida: ¡una maravillosa hembra de lobo, majestuosa y elegante! El impacto fue tan sorprendente que nuestro amigo el lobo sintió que se había enamorado para siempre. Cortejó a la loba, le llevó las carnes más exquisitas como regalo, le construyó un cubil digno de una reina... Ella correspondió a sus amorosas atenciones dando a su fiel compañero una camada digna de un rey: tres lobeznos avispados, fuertes y alegres que se pasaban el día mamando ávidamente mientras su madre los rodeaba de cuidados, lamiéndolos, haciéndoles caricias con el hocico y con las patas, protegiéndolos de miradas indiscretas en la zona más escondida del cubil. Papá Lobo se sentía en el séptimo cielo. También él mimaba a sus lobeznos y, como todo lobo macho que se precie, cumplía con su deber, defendiendo a su familia y consiguiendo para ella la comida más nutritiva. Gracias a todas esas atenciones, los lobeznos crecían rápidamente. De vez en cuando, salían del cubil, correteaban con sus ágiles patas, se peleaban entre ellos, sin malicia, y jugaban, despreocupados, con las hojas y las piñas que había en los alrededores. Mamá Loba los observaba con satisfacción. Les dejaba jugar, experimentar, satisfacer su curiosidad, siempre dispuesta a acogerlos, a lamerlos si se hacían daño y a defenderlos en caso de necesidad. Cuanto más tiempo pasaba, más hábiles se volvían los lobeznos; ya eran capaces de defenderse de los ataques de sus hermanitos, de cazar conejos, de guarecerse de las inclemencias del tiempo, de refugiarse en un lugar seguro en caso de peligro, de seguir su instinto infalible en toda situación. ¿Cómo es posible que estuvieran aprendiendo todo lo que precisaban saber de la vida sin necesidad de ir al colegio, de que sus padres les explicaran o les repitieran las cosas? ¿Qué tenían aquellos lobeznos que, a veces, ni siquiera los seres humanos más inteligentes parecen tener?

Aquellos lobeznos se sentían libres. Tenían libertad para seguir su instinto y sus padres los apoyaban amorosa y pacientemente a diario. Mamá Loba y Papa Lobo no tenían el don de la palabra ni tenían libros que leer o expertos a los que escuchar, pero se tenían a sí mismos, tenían una gran confianza en la vida y creían ciegamente en su propia naturaleza (simple y eficaz, como la de los seres humanos). Sabían que era importante dejarse observar por sus cachorros, que solo así podrían adquirir las habilidades necesarias para ser autónomos, convertirse en adultos y no tener ya necesidad de ellos. Por esto pasaban mucho rato jugando con sus lobeznos, simulando que cazaban, o que sufrían una incursión enemiga, dándoles algún que otro trocito de carne para que jugaran. Simplemente, estaban con ellos, secundando su instinto natural que los empujaba a hacer todo lo que les veían hacer a ellos. Fue así que los lobeznos se convirtieron en tres lobos adultos, fuertes y valientes como sus padres y, cuando llegó la hora, abandonaron el nido para aventurarse por otros territorios, otros bosques, conquistar sus espacios y cumplir su destino... También llegará un día (quizá ya haya llegado) en el que los padres humanos entenderán la importancia de hacer menos, pero mejor, por sus cachorros. Llegará un día en el que también los cachorros humanos podrán ser libres para imitar, aprender jugando, vivir sin estrés, superando las dificultades y las pruebas a las que nos somete la vida desarrollando sus propias fuerzas después de habérselo visto hacer a sus padres. Y, entonces sí, los adultos sabrán de qué son capaces los niños, entenderán que sus habilidades y su sensibilidad van mucho más allá de aprender a respetar las normas, de hacer caso y cumplirlas. Sabrán que poseen ya la llave y los recursos innatos para ser felices, realizarse a sí mismos y manifestar aquí, en la Tierra, los principios del mundo perfecto del que son el símbolo.

¿Cómo aprenden los niños? Las cuatro claves fundamentales

Hemos llegado al meollo de la cuestión. Prestad atención porque se trata de un punto realmente esencial. Muchas dificultades e incomprensiones nacen, de hecho, de una visión distorsionada de su forma de aprender. De aprender a hacerlo todo (y con esto no entendemos solo el aprendizaje escolar, sino todo lo que nos sirve para vivir): hablar, caminar, comer solos, prescindir del pañal, desarrollar habilidades manuales, comunicarse, memorizar, hacer las cosas que hacen los mayores, gestionar sus propios estados de ánimo, etcétera.

Algunas de las cosas que estáis a punto de leer podrán pareceros absurdas o ineficaces, al menos al principio, pero os pedimos que tengáis un poco de paciencia, que dejéis a un lado la visión que habéis tenido siempre de las cosas y que, aunque solo sea por curiosidad, hagáis la prueba de seguir la óptica de la Madre Naturaleza.

Los adultos estamos acostumbrados a aprender de una determinada manera: por ejemplo, leyendo y memorizando, intentando hacer algo siguiendo las instrucciones que nos ha facilitado un tercero, escuchando, tomando apuntes, asimilando información. Como nosotros lo hacemos así, creemos que con nuestro hijo ocurre igual. Y no, aquí está el problema. ¿Cuántas veces le habéis repetido algo por enésima vez y él os ha mirado como si fuese la primera vez que lo oye? ¿Cuántas veces le habéis explicado, con toda la paciencia del mundo, por qué no se debe hacer algo y él, obstinadamente, ha seguido haciéndola? Vosotros no entendéis por qué él no consigue acordarse, meterse en la cabeza lo que le habéis explicado y exclamáis: «¡Parece que lo hace aposta!».

No es así. Vuestro hijo está perfectamente capacitado para aprender: sencillamente (sobre todo entre los cero y los siete años) lo hace de una forma diferente a la vuestra. Si conseguís secundarlo y os adaptáis a su forma de aprender... ¡Bingo! Os parecerá que tenéis a otro niño a vuestro lado. Un niño que respeta las normas, no rebate, recuerda lo que le decís (a veces, hasta él es el primero en recordártelo), hace los deberes, se mantiene alejado de los peligros, os echa una mano y colabora.

¿Es posible? Sí. ¿Cómo? Probando a entender cómo aprende él.

1. El juego

La verdad es muy sencilla: vuestro hijo aprende jugando. Si le enseñáis las cosas divirtiéndoos, si secundáis su acercamiento lúdico a la vida, dejará de iniciar conflictos con vosotros y se mostrará dispuesto a colaborar. ¿Os parece un poco simplista? ¿Estáis pensando que la vida no es un juego, sino una cosa muy seria? Bebed un trago de agua, respirad hondo e intentad pensar lo siguiente: la vida es realmente simple. Somos nosotros los que nos la complicamos pensando que no tenemos los recursos necesarios para realizar lo que deseamos. Somos nosotros los artífices de nuestras cadenas.

Para ordenar el cuarto, por ejemplo, es mucho más eficaz transformarse en Mary Poppins o convertir la habitación en un barco pirata en el que el Capitán Garfio (vosotros) y los marineros, canturreando, se apresuran en dejar limpia la cubierta antes de que llegue la tempestad o el cocodrilo asome la cabeza desde el agua (podemos garantizaros que funciona, y que cuando tienes que vértelas con una docena de niños es el único sistema para hacer las cosas a tiempo y acabar el día con la cabeza lúcida y en su sitio...).

Cuando tiene que lavarse los dientes después de comer no sirve de nada repetírselo veinte veces: es mucho más útil cantar una canción para lavarse los dientes (en internet se encuentran muchas) o contarles la historia de Pepillo Cepillo, que entra en la boca y limpia y hace cosquillas a los dientes. Si ya es hora de acostarse y no tiene ganas de irse a la cama, es más fácil conseguir que lo hagan si acostamos antes a las muñecas, los peluches o los coches.

Si tiene que estudiarse una lección de Historia, es más divertido si se la cuentas como si fuera una película, preguntándole de vez en cuando: «¿Y qué crees que pasó entonces?». Estos pequeños detalles le ayudan a activar espontáneamente su tendencia a aprender, a recordar sin esfuerzos las cosas, a transformar los pequeños actos cotidianos, como lavarse, ordenar, poner la mesa o estudiar en costumbres asimiladas y naturales, y no en molestas obligaciones que hay que cumplir a la fuerza, sin placer y solo por sentido del deber (si eso os estresa a vosotros, imaginad a él).

Recordad (lo repetimos porque es importante):

> Si le enseñáis las cosas divirtiéndoos, si secundáis su aproximación lúdica a la vida, dejará de entrar en conflicto con vosotros y se mostrará colaborador de buen grado.

La idea de utilizar el juego, sobre todo durante los primeros años, no es una nueva moda o un invento nuestro. Con alguien que solo habla ruso, tienes que hablar en ruso si quieres que te entienda; si alguien solo entiende chino, tienes que hacerlo en chino. Recurrir al juego significa adaptarse al lenguaje que vuestro hijo habla y entiende fisiológicamente por su propia naturaleza, ahorrándoos, a vosotros, el esfuerzo de educarlo a fuerza de gritos, y a él el esfuerzo exhaustivo de tener que traducirlo todo a un idioma que no ha oído jamás. Por eso las explicaciones racionales y los intentos de llenar a los niños de reglas y normas no han funcionado nunca ni lo harán jamás.

2. La imitación

Vuestro hijo aprende mucho más fácilmente imitando lo que hacéis que no a través de normas o sermones. Asimila de forma inmejorable cuando puede observarte, cuando puede seguir su instinto natural que le empuja a imitaros, haciendo a diario y a todas horas las cosas que vosotros hacéis.

Por eso no para decir: «¡Yo también quiero hacerlo!», «¡Ahora me toca a mí!». Dejad que os siga y os observe, disfrutad cuando intente emularos. Puede que ya os hayáis dado cuenta de que preparar la comida o la cena es más fácil si lo implicáis en la tarea (si es pequeño, dándole un plato de plástico y verduras crudas para que juegue; si ya es algo mayor, dejándole que enharine, mezcle ingredientes o los corte, siempre bajo vuestra supervisión). Es más fácil porque vuestro hijo lo que más desea es ser como las personas a las que quiere y en las que confía (papá y mamá en primer lugar). Podemos garantizaros, por experiencia, que si secundáis este instinto, será él quien os siga, quien haga espontáneamente lo que hacéis y cómo lo hacéis (desde vestirse a lavarse, hacer los deberes o portarse con educación). Pero esto solo puede ocurrir si os ve hacer las cosas de buena gana, con alegría. Y con esto hemos llegado al tercer punto.

3. *El ejemplo*

Vuestro ejemplo es esencial. Si él rezonga, se queja o no tiene ganas de echar una mano, planteaos la siguiente pregunta: ¿es posible que me haya visto hacer lo mismo alguna vez? Responded sinceramente. Sabemos que es difícil mirarse al espejo, que es mucho más fácil decir: «¿De quién habrá aprendido eso?». Pero si os observáis lúcidamente, sin criticaros, comprenderéis que esa frase no tiene sentido: en la actitud de vuestro hijo, no importa ahora lo correcta o equivocada que sea, siempre hay algo vuestro. Intentad ser como os gustaría que fuese él, haced las cosas como os gustaría que él las hiciese, con el mismo ritmo, el mismo cuidado, el mismo entusiasmo.

> Vosotros sois su auténtico punto de referencia.

Aunque pase mucho tiempo con los abuelos, en el colegio, con la cuidadora o con los amiguitos, las reglas y las normas de educación (las que permanecen con el tiempo) las aprende de vosotros. Su forma de actuar la ha absorbido, por ósmosis, de sus «pilares», en su casa y de sus padres. Si un niño, por los motivos que sea, tiene un contacto esporádico con sus padres y vive en casa de sus abuelos, con unos tíos o con gente ajena a la familia, tomará ejemplo de ellos, con el tiempo se convertirán en sus pilares, pero si pasa el día con los abuelos o en el colegio y por la noche regresa a casa, con sus padres, no ocurre eso: sus pilares siempre seréis vosotros.

> Cuanto más os vea hacer las cosas con amor y portaros con amor con él y con los demás, más tenderá a hacer lo mismo.

Su forma de vivir y de aprender en los primeros años se centra totalmente en el verbo «hacer». Ríe, juega, pregunta, habla, desmonta, corre, salta, se esconde, vacía los cajones, aprende a leer, a escribir, a hacer cuentas, etc. Solo *haciendo*, escogiendo, expresando sus necesidades y sus deseos aprende a conocer sus propios límites y sus potencialidades, sus habilidades y sus debilidades.

4. Vivir aquí y ahora

Vuestro hijo tiene una percepción espacio-temporal totalmente distinta de la vuestra. Un segundo suyo vale, como poco, lo que un minuto vuestro. Da igual si sabe ya leer la hora o no, el tiempo para él tiene otro significado. Cuando le decís: «Pero ¿todavía no has acabado?», «¿Todavía así?», «¿Qué haces levantado tan temprano? ¡Si hoy es domingo!», «¿Ya te has cansado?, ¿No quieres seguir jugando un rato más?» o el clásico: «¡ESPERA UN MOMENTO!», es conveniente que sepáis qué ocurre en su interior en ese instante.

Vuestro hijo no entiende: le estáis hablando en otro idioma.

> Para él un segundo equivale a una eternidad: una vez satisfecha su curiosidad necesita pasar a otra cosa porque tiene otra medida del tiempo para todo, también cuando está fantaseando o jugando.

Este proceso no debe obviarse o bloquearse con la excusa de que «solo está fantaseando» y que tiene que aprender a espabilar, para él es vital aprender a afrontar las experiencias de esta forma.

¿Por qué un segundo vuestro equivale a una eternidad para él? Porque, como todos los niños, vive solo el presente. Una capacidad formidable que, desgraciadamente, acabará perdiendo con el paso de los años, a causa del modelo educativo que recibe: el de nosotros, los adultos, que estamos acostumbrados a vivir anclados en el pasado y con la vista puesta en el futuro, siguiendo un proceso mental dañino, que nos aleja de lo que realmente estamos haciendo y nos impide disfrutar del presente.

Vuestro hijo, no. Está completamente inmerso en lo que vive y hace en cada momento. Si está jugando, para él solo existe el tiempo presente del juego (por eso, cuando lo llamáis, tenéis la sensación de que está embobado o con la cabeza en las nubes). Si está hablando con vosotros o vosotros estáis hablando con él, solo existís vosotros y él (por eso os mira a los ojos, se aproxima a vosotros y absorbe todo lo que hacéis o decís sin distraerse). Lo mismo ocurre cuando ve la televisión, cuando está leyendo o comiendo.

Desgraciadamente, la hora de la comida se ve acompañada, demasiadas veces, de distracciones más fuertes que no le permiten saborear hasta el fondo el gusto, el color o la forma de la comida: la televisión encendida, papá y mamá hablando entre ellos de sus problemas o de cualquier otra cosa, pero no de lo que están comiendo (este podría ser un excelente punto de partida para reflexionar sobre una de las muchas causas que generan problemas de nutrición en la infancia).

Vuestro hijo vive el presente, no tiene ni idea de qué significan realmente expresiones como «dentro de cinco minutos», «mañana por la tarde» o «en Navidades» (por eso os pregunta al día siguiente si «ya es Navidad»). Para él es una frustración terrible: incluso cuando aprende a leer la hora, esta forma de concebir el tiempo sigue pareciéndole un pensamiento abstracto, muy alejado de su forma instintiva de vivirla.

Si no se ve condicionado, aprenderá a saber qué hora es, a estar listo a las 16.00, a poner la tele a las 18.00 para ver sus dibujos animados preferidos, pero seguirá viviendo inmerso en el presente sin planes ni preocupaciones. Si, en cambio, insistís en que se adapte a vuestra forma de concebir el tiempo empezará a naufragar él también en las negras aguas de los pensamientos inútiles, a desarrollar estados de ansiedad que no sabe cómo gestionar, a preocuparse, a preguntarte con frecuencia cuándo se hace esto o aquello.

La capacidad para vivir aquí y ahora es un don prodigioso que nos ha concedido la naturaleza. Nos permite concentrarnos por entero en el presente, aprender todo cuanto es posible de la experiencia que estamos viviendo sin que nos distraigan los condicionamientos del pasado o la ansiedad por el futuro. Es precisamente esta capacidad la que permite al niño, en sus primeros años de vida, aprender una infinidad de nociones y madurar sus habilidades a un ritmo que no tendrá parangón durante el resto de su existencia.

Pero esta capacidad le impide también percibir el tiempo tal y como lo hacemos los adultos. Por eso le cuesta tanto esperar, es más lento comiendo que vosotros, no quiere irse de la playa, quiere dar cien veces al botón del portero automático. Ahora que sabéis que no es un defecto y que todo esto, en realidad, le sirve para aprender a vivir, podríais secundarlo de vez en cuando, haciéndole un gran regalo, pero sobre todo a vosotros mismos: el regalo de recuperar la capacidad para vivir aquí y ahora, saborear sus beneficios de cara a vuestra existencia y a la de quienes os rodean.

Después de todo, como dice el Gran Maestro Oogway en *Kung Fu Panda*: «Te preocupas demasiado por lo que ha sido y lo que será. El ayer es historia, el mañana es un misterio, pero el hoy es un regalo. Por eso se llama presente».

9

CUATRO PUNTOS QUE OS PERMITIRÁN ENTENDER MEJOR A VUESTRO HIJO

¿Qué diferencias hay entre vuestro hijo y vosotros? ¿Sobre qué puntos os parece que no coincidís a diario aunque compartáis prácticamente todo? En este capítulo os vamos a ilustrar cuatro (los fundamentales). Recuerda: todo esto os ayudará a adentraros cada vez más en su punto de vista. Solo si conseguís entender mejor su naturaleza podréis serle realmente de ayuda (y no un estorbo).

La posesión

Los adultos tenemos un concepto de lo que significa la posesión y vuestro hijo tiene otro. Es más, cuanto más pequeño es, más acentuadas están las diferencias. Vamos a verlas juntos:

No es capaz de compartir

Durante la fase egocéntrica, vuestro hijo todavía no es capaz de compartir con los demás, sobre todo cuando se trata de hacerlo con niños de su edad. Para él es realmente dificilísimo abandonar lo que tiene entre las manos o con lo que está interactuando (y eso sirve también para sus padres cuando lo «sueltan» porque tienen, por ejemplo, que ir a coger el teléfono). Necesita sentirse el amo del mundo y de sí mismo: solo así aprende a conocer y a gestionar sus recursos y a tomar confianza con cuanto lo rodea (dominando los datos de información que recibe, no quedándose a merced de ellos). Eso no significa que «mande en todo y sobre todos», sino solo que ejerce un pleno poder sobre sí mismo y sobre las cosas que lo rodean para aprender a gobernarlas y a utilizarlas. Una idea muy alejada de la que tenemos los adultos, que con frecuencia nos creemos víctimas de fuerzas externas que nos impiden obtener lo que deseamos (fuerzas que, en realidad, creamos nosotros mismos, precisamente porque somos incapaces de emplear nuestros recursos). Los niños, en esto, son unos auténticos maestros.

Es todo «suyo»

¿Cuántas veces le habéis oído decir: «Mío, mío» y habéis pensado que estabais criando un monstruo? ¡Todo lo contrario! Que se porte así (sobre todo en los primeros años) es una señal de que todo marcha perfectamente: está completando el proceso de individualización esencial para su crecimiento. Puede parecerte paradójico, pero secundándole en esta necesidad le ahorráis lo que más teméis: que se convierta en un adulto egocéntrico, desconfiado y egoísta, sin autoestima. Secundarlo no significa, necesariamente, darle todo lo que pide. Lo ideal sería hacer eso, dentro de los límites de lo posible, pero solo reconocerle verbalmente este derecho lo ayuda a sentirse seguro y más dispuesto a compartir sus juguetes con otros niños. Pretender que comparta demasiado pronto su tiempo y sus espacios fomenta en él la sensación de desconfianza y la frustración.

De adulto, se sentirá empujado a compensar esta necesidad insatisfecha cayendo en la trampa de desear siempre más, de querer ser el primero a toda costa, de necesitar ser siempre el centro de atención y recibir continuamente el reconocimiento del exterior, de llenar su vacío con objetos materiales, con la consiguiente y frustrante sensación de que nunca tiene bastante y, al mismo tiempo, de que no se merece más.

No puede tener en cuenta las exigencias y las necesidades de los demás

A esa edad no consigue entender que cuando llegáis a casa del trabajo estáis cansados y no tenéis fuerzas para jugar con él, que podéis estar distraídos, tristes, preocupados. Percibe vuestras emociones, las absorbe, puede que las exteriorice teniendo un sueño agitado o un estallido de rabia para desahogarse, pero no consigue poner en un segundo lugar sus necesidades, «concederos» que penséis en vosotros mismos y no en él. Vosotros, por otra parte, no podéis pretender, sería absurdo, estar siempre felices, descansados y satisfechos. No se trata de que sofoquéis vuestras emociones negativas: cuando lleguen, aceptadlas, reelaboradlas, intentad resolverlas atacándolas de raíz y, cuando estéis con él, haced lo posible por vivir el presente, estad tan disponibles como de costumbre.

Con el tiempo, a medida que vaya creciendo, él mismo os indicará que ya está abandonando esos mecanismos para ir adquiriendo, progresivamente, una actitud más madura, en sintonía con las fases sucesivas. Por ejemplo, es posible que diga que quiere regalar un juguete que ya no usa a un primo o a un hermanito o que os pregunte si necesitáis que os eche una mano.

Sin embargo, este proceso no siempre se ajusta a sus límites naturales. Si vuestro hijo no ha agotado aún su fase egocéntrica, tendrá necesidad de colmar el vacío afectivo prolongando esa conducta después de los primeros siete años de vida. En este caso, es conveniente no preocuparse sino ponerse manos a la obra para subsanar esa necesidad, portándoos con él igual que lo haríais con un niño más pequeño. Esta especie de regresión, mantenida durante unas semanas o algunos meses, puede dar excelentes resultados.

¡Ay!, estas benditas normas que tantos quebraderos de cabeza dan a los padres, a los profesores, a los educadores, hasta a los niños... ¿Hay que ponerlas o no? ¿Hay que repetirlas, darlas por escrito, canturrearlas, imponerlas a gritos?

Los adultos a veces abusamos, nuestro hijo soporta incluso demasiadas. No acompañamos nuestro mensaje con bastante calidez, le regañamos de forma hiriente y él, como consecuencia, se ve obligado a protegerse, a ponerse a la defensiva, a enseñar los dientes y... con demasiada frecuencia se echa a llorar. El llanto no es un problema. Le ayuda a desahogar sus emociones, a calmarse. Lo que tenemos que hacer es preguntarnos por qué llora, entender si le estamos dando motivos para hacerlo.

Pero volvamos a las normas. Sin límites, sin ejemplos, vuestro hijo se encontraría muy a disgusto en el mundo. Necesita fluir entre unos márgenes seguros, igual que un río. Si el río tiene un cauce amplio por el que discurrir, el agua consigue llegar al mar sin tropiezos. Sin cauce, el agua se empantana y corre el riesgo de volverse putrefacta. Por otro lado, si los márgenes del cauce son demasiado estrechos para la cantidad de agua que lleva el río, este se desborda causando inundaciones.

Las normas, en definitiva, existen y hay que ponerlas. Pero *¿cómo?* Ese es el quid de la cuestión, de donde surgen todos los problemas. Por eso es tan importante que sepáis que vuestro hijo entre los cero y los siete años...

No comprende los mensajes racionales como los adultos

Aunque le digáis y le repitáis: «Haz esto, haz lo otro», «Acuérdate de...», «Esto se hace así porque...», «Esto no se dice, esto no se toca, esto no se hace porque...», etc., él no os escucha, no recuerda lo que le habéis dicho. Vosotros os quedáis atónitos, os alteráis, tenéis la sensación de que os está desafiando. Pensáis que no os está escuchando, pero lo cierto es que no os entiende. ¿Os parece imposible? Pues es eso lo que ocurre. En esta fase, vuestro hijo solo tiene una forma para asimilar una norma y respetarla: ver cómo se hace en la práctica. Aprende si tiene a alguien a quien observar e imitar y si la información que recibe se le transmite de una forma divertida o, en el caso de que algo salga mal, si puede sacar provecho de la mala experiencia y reparar el error sin que le regañen.

No acepta indicaciones abstractas que no tengan en cuenta cómo se siente

Para él es impensable adaptarse a una norma fría y abstracta (escrita, por ejemplo, en una nota colocada en la cocina o en la puerta de su cuarto). Por ejemplo, si le repetís continuamente: «Hay que lavarse los dientes después de comer», «La ropa sucia se pone en la cesta de la colada», «No se grita cuando hay invitados en casa», «No se interrumpe a mamá cuando ella está hablando», «Hay que acabarse todo lo que hay en el plato» o: «Dentro de diez minutos hay que apagar la tele», él se hace preguntas. Por ejemplo: «¿Tiene algún sentido lo que me estás diciendo?», «¿Has tenido en cuenta cómo me siento yo?», «¿Te has preguntado por qué se me olvida lavarme los dientes, poner la ropa sucia en la cesta o por qué no tengo ganas de apagar la tele?». Si queréis que vuestras normas funcionen, adoptad la buena costumbre de haceros vosotros también esas preguntas, intentando daros respuestas apropiadas: veréis que el respeto a las normas llega por sí mismo.

Los límites

Ya sabéis qué molesto es para vuestro hijo que le digan que no. ¿Qué hacer, entonces? ¿Deberíais dejar de ponerle límites y ceder en todos los frentes? En este caso, también resulta muy útil la metáfora del río. Es lógico que no se pueda hacer todo: no se puede ir solo a sitios peligrosos, no se pueden meter los dedos en los enchufes, no se pueden comer chucherías sin parar, etc. Por otro lado, es obvio que vuestro hijo podría hacer muchas más cosas de las que se le permite hacer habitualmente.

> Negarle demasiadas cosas sin un motivo válido provoca en él una intensa frustración, una acumulación de energía inexpresada que puede convertirse en una fuente de tensión y de sufrimientos inútiles (y eso, antes o después, desembocará en una rabieta).

¿Cómo encontrar el adecuado punto de equilibrio? En este caso, el secreto también radica en cómo establecéis los límites y en cómo los percibe él. Si el «no» es seco y autoritario y esconde tensión, miedo o impaciencia por vuestra parte, hay pocas posibilidades de que vuestro hijo lo reciba favorablemente. Si, por el contrario, os esforzáis en entender sus motivos e intentáis explicarle por qué no puede hacer algo tendréis mucho más éxito. Hay que esforzarse en ser receptivos ante su estado de ánimo, antes y después del «no»; intentad entender cómo se siente y qué está experimentando, decidle que tiene razón si se siente contrariado. Si se siente comprendido consigue aceptar más favorablemente los «no» y los límites necesarios.

El juego

El juego y la imitación son el rey y la reina de su mundo, regulan y gobiernan su crecimiento. Si estos dos elementos están presentes en su vida, vuestro hijo sabe que puede contar con sus dos paladines naturales, que le garantizarán un excelente aprendizaje. Hoy tenemos una visión un poco distorsionada del juego: rodeamos a los niños de juguetes tecnológicos, con frecuencia poco apropiados para su edad, de muñecas, de peluches y de maquinitas con las que, con frecuencia, no juegan, de juegos elaboradísimos que no le permiten dar rienda suelta a su imaginación... Hemos terminado confundiendo el juego con una cuidadora o con un entretenimiento perfecto que nos permite a los adultos hacer mientras otra cosa. Pero cuando vuestro hijo juega no está pasando el rato, ¡los juegos no sirven para hacerle compañía! Con el juego mide sus capacidades, las refuerza, verifica sus intuiciones, aprende, disfruta, imita la vida de los adultos.

Aquí tenéis algunas líneas maestras y algunos consejos útiles:

- Cuanto más rato pase, durante sus primeros años, jugando y dando rienda suelta a su imaginación, más aprenderá.
- El juego estimula sus capacidades cerebrales.
- Dejad que sea él quien decida a qué quiere jugar en todo momento.
- El juego tiene que ser adecuado a su edad.
- Es importante que pueda interactuar con los objetos (por ejemplo, algo que haga ruido si lo mueve; un trozo de madera que pueda convertirse en cualquier cosa según los dictados de su imaginación, etc.).
- Siempre tiene un buen motivo para hacer lo que hace, para experimentar cosas nuevas y para jugar de determinada manera, aunque vosotros no entendáis el significado.
- Optad por objetos simples y de uso cotidiano que puedan transformarse en juguetes.
- Evitad interferir de forma excesiva: vuestro hijo no necesita «aprender» a jugar. La experiencia consiste en descubrir cuál es la consecuencia de determinada acción, a qué resultado conduce determinada actividad.

- Cuando esté jugando, dejadlo interactuar espontáneamente con el ambiente.
- Para aprender necesita combinar el juego con el movimiento.

No es preciso ser un pediatra, un educador o un experto para conseguir que vuestro hijo juegue respetando estas buenas costumbres.

10

LAS ARMAS INEFICACES CONTRA LAS RABIETAS (Y QUE EMPEORAN LA SITUACIÓN)

¿Por qué las soluciones que habéis adoptado hasta ahora no han dado el resultado que os esperabais? Quizá sea porque, sin que vosotros lo sospechéis, no eran las mejores o tenían poco que ver con la naturaleza de vuestro hijo. Es posible que hayan funcionado en el momento. Por lo general, un niño se paraliza si le dan un grito, le humillan castigándolo en un rincón o alejándolo de la habitación o del grupo de compañeros, se deprime y se entristece (por emplear un eufemismo) si os ve enfadados, molestos o decepcionados.

Pero ¿por cuánto tiempo? Por lo general, en cuanto os dais la vuelta, parece haberse olvidado del castigo, del grito o de las amenazas y vuelve a hacer lo mismo por lo que le habéis castigado o regañado. Como si apartase de su cabeza, de un plumazo, todo lo que le habéis dicho, como si con cada nuevo castigo se volviese cada vez más impermeable, se inmunizase (es realidad, eso es un buen indicio, ¡quiere decir que su sistema de defensas funciona a la perfección!) y hubiese que empezar de nuevo desde el principio, para desolación y agotamiento de los padres.

¿Os sentís satisfechos con esta situación? ¿Habéis decidido conformaros, resignaros? ¿No preferiríais resolver el problema de las rabietas y los conflictos con vuestro hijo de una vez por todas? Si habéis elegido la tercera opción vamos a ver, lo primero, cuáles son las cosas que no funcionan con vuestro hijo.

Los castigos

Seguro que, antes o después, habéis tenido que castigarlo, aunque en principio seáis contrarios a hacerlo. Lo habéis intentado todo, pero él no os hace caso, no entendéis por qué y el asunto os exaspera, ya no sabéis qué hacer y una fuerza superior a vosotros mismos hace que se os «escape» de los labios el odiado castigo.

- «¡Ya está bien! ¡Castigado a tu cuarto y no salgas hasta que yo lo diga!».
- «¿Cuántas veces te tengo que decir que apagues la tele? ¡Castigado una semana sin ver los dibujos!».
- «¡Estate quieto de una vez! ¡Siéntate ahí y no te muevas hasta que pidas perdón!».
- «¡Se acabó! ¡El juguete me lo quedo yo y fin del asunto!».
- «¡Castigado! ¡Ve a recoger el cuarto mientras tu hermana termina de ver la tele!».
- «¡Se acabaron las chuches/la tele/los juguetes/el fútbol/los mimitos hasta que yo lo diga!».
- «Voy a contar hasta tres...».

¡¡¡Aaaahhh...!!! No sabéis por qué, pero algo tan antinatural como el castigo os proporciona una sensación de satisfacción, casi de paz... ¿Somos unos monstruos? ¡En absoluto! Simplemente, el castigo ha hecho su «trabajo sucio». El trabajo para el que ha nacido: ayuda a quien lo inflige a liberar una emoción negativa. ¿Habéis notado que, aunque os disguste hacerlo, después de castigar a vuestro hijo dais un suspiro de alivio y os sentís más ligeros?

> El castigo solo es útil para el que lo inflige. Le hace sentirse más fuerte y negar la verdadera emoción subyacente: el malestar por no haber sabido llevar la situación, el miedo a sentirse dominado.

El castigo no tiene nada que ver con el bienestar de vuestro hijo. No es una lección de la que pueda aprender algo. ¿Por qué?

Es posible que lo que estamos a punto de deciros os parezca un poco «buenista» y ajeno a la realidad, totalmente inadecuado para un niño «cabezota», como hay tantos hoy en día, que se las saben todas y no aflojan nunca. Aún así, nos gustaría que lo leyerais para ayudaros a deshacer el mito de que vuestro hijo es un adulto en miniatura (solo que un poco más bajito y con menos competencias) y razona como un adulto. En realidad, aunque os parezca un «cabezota» (se trata de una actitud defensiva que lo ayuda a protegerse y a preservar su naturaleza), vuestro hijo tiene un espíritu sensible, abierto (si se le da la oportunidad) y le gusta que le traten con delicadeza (hemos dicho con delicadeza, no de forma «blanda»).

Los castigos generan un trauma y le enseñan que, cuando sea mayor, podrá infligirlos a su vez (¡incluso a vosotros!)

Vuestro hijo os percibe como su único punto de referencia, el más importante. Quiere de vosotros comprensión, amor, ayuda, protección. Si, en vez de entenderlo (descubriendo e identificando su motivación profunda) y de ayudarle a resolver sus dificultades sin juzgarlo negativamente, vosotros lo castigáis, para él es un trauma. No estamos exagerando. Es posible que para vosotros los traumas violentos sean otra cosa (por ejemplo, un accidente, un luto, un gran susto, un acto violento) y que el castigo no deba incluirse en esta lista. Pero no es así, y os lo decimos desde lo más profundo de nuestro corazón: el castigo para él constituye un trauma. ¿Habéis probado alguna vez a distanciaros, unos segundos, de vuestra rabia y habéis observado a vuestro hijo nada más castigarlo? ¿Qué habéis observado? ¿Habéis probado alguna vez a mirarlo a los ojos? Puede que creáis que sí, pero no lo habéis hecho de verdad.

Si así fuese, en sus ojos habríais visto miedo, humillación, en algunos casos desesperación. Habríais sentido un golpe tan fuerte, un bofetón moral tan lacerante que os hubierais replanteado muy seriamente volver a herir sus sentimientos. Lo que pretendemos en estas páginas es, precisamente, ayudaros a conocer la naturaleza de vuestro hijo y facilitaros los instrumentos necesarios para modificar las conductas que lo perjudican. No os sintáis culpables si hasta ayer mismo los castigos eran vuestro gran recurso. La culpa no es vuestra: quizá no sabíais realmente qué otra cosa se podía hacer, quizá vosotros también, de pequeños, habéis sido víctimas de castigos más o menos duros. Aunque os parezca paradójico, es normal que, en caso de dificultad, reproduzcamos automáticamente los recursos que hemos aprendido durante la infancia, incluso los que nos han dañado. Podemos asegurarte, además, que si vuestro hijo se encuentra aún en la fase de edad apropiada y empezáis a afrontar las dificultades de otra forma, las eventuales heridas afectivas se restañarán gracias a vuestra nueva actitud.

> El castigo hace que pierda sus referencias. Le provoca sentirse solo, abandonado, traicionado. Las personas a las que ama no le entienden, pierde el control y piensa: «¿De quién me puedo fiar?».

Ante el castigo se queda estupefacto y confuso

Vuestro hijo, en realidad, sabe perfectamente qué necesita, pero aún no ha desarrollado la capacidad racional de análisis que le permite expresarlo verbalmente. Ante el castigo no entiende el motivo, piensa que habéis enloquecido, que os estáis confundiendo («Pero ¿qué hace? ¡Socorro! ¡No lo he hecho aposta! ¿Por qué me trata así, en vez de ayudarme?», «¡No quiero apagar la tele, me hace compañía...! Si la apago me siento solo, no consigo dejar de verla... ¿Por qué no se da cuenta, por qué se enfada conmigo en vez de ayudarme?», «¿Por qué me echa la culpa, por qué no me entiende? No soporto que mi hermana toque mis juguetes, es superior a mis fuerzas, ¡no consigo evitar descargar mi rabia sobre ella!»).

Cuanto más pequeño es vuestro hijo, menos capaz es de comprender vuestros actos y más confuso se queda. El mensaje que interioriza es totalmente contradictorio: «Recibo agresividad, juicios negativos e intolerancia por parte de quien debería amarme, ayudarme y protegerme; justo las personas para las que yo debería ser alguien especial me dan a entender que estoy equivocado, que soy malo, inepto. ¿Cómo puedo confiar en mí mismo si papá y mamá son los primeros que no creen en mí?».

Los castigos inhiben su deseo de experimentar y aprender

Con frecuencia, somos nosotros los que les creamos limitaciones, aunque sea involuntariamente. Nos encanta comprarle juegos educativos para que «aprenda más deprisa» y no nos damos cuenta de que le cohibimos cada vez que impedimos que haga un descubrimiento, satisfaga sus curiosidades y sus intuiciones (la mejor forma y la más rápida para aprender). Nuestro «no», nuestras miradas de reproche, nuestros dedos índices levantados son frenos que le envían una señal: «No está bien, estás equivocado, no puedes crecer como tú quieras, no puedes usar los recursos interiores con los que creías contar».

Los castigos le instan a mentir

El castigo no solo no resuelve la causa desencadenante de la acción, sino que refuerza el impulso que siente de realizarla. Si vuestro hijo tenía necesidad de descubrir cómo funciona una cosa, de verificar una intuición o de satisfacer un deseo, tened por seguro que volverá a intentarlo, aunque sea a escondidas. Es más fuerte que él. Ante los deseos, las necesidades, las emociones, la fuerza de la vida que lo empuja a crecer, aprender, satisfacer y experimentar, no hay barreras posibles.

La dureza y hacerle sentir culpable provocan bloqueos emocionales. Por las razones que ya te hemos anticipado, por encima de la dureza y del mensaje (verbal o no verbal) dirigido a hacerle sentirse culpable, el castigo provoca una herida afectiva. Cuanto más equivocado y menos querido se siente vuestro hijo, más disminuye su autoestima, incrementando la sensación de debilidad y fragilidad y, consecuentemente, también su ansiedad y sus miedos.

El castigo, el juicio negativo y la desaprobación fomentan la agresividad

¿Habéis observado alguna vez atentamente una uva? Os habréis dado cuenta de que la piel de fuera está siempre un poco tirante con respecto a la pulpa y a las semillas que recubre. ¿Qué pasa si la quitáis? La uva se relaja, se infla un poco, recobra su forma originaria, por lo general un poco más grande que el envoltorio. A veces, la piel está tan tensa que te basta con hacer una ligera presión con los dedos para que explote y salte todo el jugo. ¿Qué ocurre si ponéis a hervir agua en una olla demasiado pequeña? Aunque le pongáis la tapa, cuando el agua llegue al punto de ebullición se desbordará, ensuciándolo todo y hasta apagando la llama del gas. ¿Qué ocurre cuando se intenta desviar el curso de un río para construir edificios o carreteras? El río, antes o después, vuelve a su cauce, dando lugar a lo que nosotros denominamos catástrofes. ¿Qué ocurre si tenéis a un animal enjaulado durante demasiado tiempo? Somos seres humanos, pero los principios de la naturaleza son iguales para todo.

Vuestro hijo también necesita que lo contengáis y que le enseñen a hacer las cosas, pero si las indicaciones que le dais son demasiado restrictivas o no son las adecuadas, antes o después estalla. Un niño agresivo es siempre un niño reprimido, al que no se comprende de la forma adecuada, al que se limita excesivamente, al que se considera mayor de lo que realmente es o que tiene a su lado a adultos agresivos, nerviosos e intolerantes (padres que levantan la voz, critican, se quejan, tienen ataques de rabia o de histerismo, pierden la paciencia, los nervios).

Es mejor ponerse manos a la obra y solucionar el desastre que se ha producido que no enrocarse en justificaciones que no resuelven el problema («¿Cómo no voy a enfadarme?», «A todos nos pasa alguna vez», «Tú es que no conoces a mi hijo», «Si supieras lo complicada que es mi vida...», «Tampoco será para tanto», etc.).

Una última reflexión que deberíamos hacer todos los adultos: ¿cómo nos sentíamos, de pequeños, cuando nos castigaban? ¿Resolvía algo el castigo? ¿Qué pensamos ahora de quienes nos castigaban ignorando nuestros sentimientos, sin preguntarnos qué sentíamos y qué necesitábamos?

El «tiempo muerto»

El «tiempo muerto» es otro recurso que está ganando adeptos en esta época. Igual que en los partidos de fútbol o de baloncesto, consiste en ordenar al niño que interrumpa lo que está haciendo, diciendo o expresando (rabietas incluidas) durante un tiempo más o menos largo, cuya duración es establecida por el adulto.

¿Cuáles son los beneficios de este sistema? En realidad, son solo superficiales, pero a primera vista puede parecer que él, aunque con reticencias, se detiene: se resigna a apartarse en silencio o sigue con lo que estaba haciendo, pero de otra forma, más en consonancia con lo que quiere el adulto. A primera vista, pues, hemos alcanzado nuestro objetivo: la situación ha vuelto a la normalidad, hemos reafirmado nuestra autoridad (lo hemos hecho «bien», hemos sido capaces de hacerle entender quién manda).

¿Y bajo la superficie? Si nos tomamos la molestia de mirar en profundidad, ¿qué observamos? *¿Hemos entendido o acogido la motivación del niño? ¿Le hemos ayudado a resolver el problema?* No.

> El «tiempo muerto» alimenta su inseguridad y no lo ayuda a entender por qué no se deben hacer determinadas cosas.

De esta forma, entre otras cosas, no le dais libertad para que exprese sus emociones y sus necesidades y le impedís que exprese sinceramente su opinión, sin miedo a verse frenado o juzgado. Evitad utilizarlo: más adelante os propondremos una alternativa válida a la que podréis recurrir.

El rincón de pensar

Otro recurso improvisado que se ha puesto muy de moda en nuestros días: si el niño es «malo» se le manda a un rincón, a veces incluso a otra habitación, para que reflexione sobre su conducta, inducirle a que pida perdón o encuentre un remedio a lo sucedido (y, con un poco de suerte, una explicación lógica y un análisis detallado de los hechos...).

¡De mal en peor! Vuestro hijo, sobre todo en la fase egocéntrica, no dispone de los instrumentos necesarios para razonar como si fuera ya adolescente o adulto: ¿cómo puede reflexionar racionalmente sobre lo ocurrido? ¿Entendéis ahora por qué nos hemos alejado tanto de sus necesidades? ¡Nos erigimos en inventores de técnicas y recursos sin tener en cuenta su auténtica naturaleza!

> El rincón de pensar es humillante y no resuelve nada (los motivos son los mismos que te hemos dado para el «tiempo muerto»).

Y, además, ¿cómo os sentiríais vosotros si en el trabajo os enviasen a un rincón a reflexionar cada vez que tenéis un descuido? ¿Por qué humilláis entonces a vuestro hijo y lo herís emocionalmente?

El refuerzo positivo

«¿Qué es mejor, el palo o la zanahoria? Si elijo el palo me arriesgo a parecer demasiado rígida y anticuada... Mejor la zanahoria: quedo bien, no le creo traumas o heridas y me siento una buena madre (o un buen padre), coherente y positiva.

»Le felicito cuando se porta bien y saca buenas notas, le digo que si ordena el cuarto es un niño bueno y que mañana, como premio, le llevo al cine o le compro un nuevo juego para la PlayStation, sin esperar a Navidad...

»¿Y cuándo hace una de las suyas? ¿Cuando saca malas notas? ¿Cuando no para quieto ni un segundo o se niega a darme la mano? ¿Cuando deja el cuarto que parece una leonera? ¿Cuando tira del pelo a su hermana y le hace gritar (qué insoportables son los niños cuando gritan...)?

»Bueno, en esos casos intento mantener la calma, me esfuerzo en explicarle que eso no se hace, que no ha sido bueno, que le prefiero cuando se porta bien... Sin levantar la voz, pegarle o castigarlo. Si acaso, le miro severamente, tuerzo un poco la boca, pongo los brazos en jarras o le digo que no con el dedo índice. Me muestro un poco ofendido, decepcionado o contrariado por su comportamiento. Pero no le pego y no lo mando a su cuarto... Solo le levanto un poco la voz si se pasa... ¡Tiene que aprender!».

Muy cierto. Parece, de hecho, un buen sistema para inducir a vuestro hijo a que haga las cosas que queremos que haga y que debe hacer para conseguir que sea un niño bueno... Pensándolo bien, sin embargo, hay algo que chirría, que no nos termina de convencer... «¡Qué tiquismiquis que sois!», estaréis pensando. Sí, lo admitimos, cuando se trata de educación y de niños somos muy pesados y muy tiquismiquis. En el fondo, son los seres humanos del futuro, no podemos olvidar que para que se opere un cambio decisivo en la sociedad se precisan individuos más maduros, más equilibrados, más autónomos, más sensibles. (Que esto implique un cambio favorable también en nosotros, los padres y los adultos en general, merecería quizá un libro aparte).

Pero volvamos al refuerzo positivo. A simple vista, en efecto, parece la vía intermedia más apropiada, nos permite transformarlo en un «niño bueno» sin ser demasiado rígidos. ¿Cómo? Básicamente, felicitándolo, gratificándolo y premiándolo cada vez que hace algo bien y se porta como debe (en definitiva, cada vez que hace lo que nosotros queremos y se adecua a la imagen ideal que nosotros tenemos de lo que es un niño bueno).

Todo esto, en realidad, nos recuerda a las técnicas que se emplean para adiestrar perros. Si queréis educar a vuestro hijo dándole la posibilidad de ser él mismo, de conocerse, aprendiendo también de sus errores si es necesario y si aspiráis a que sea un adulto seguro de sí mismo y capaz de asumir sus propias responsabilidades, tenéis que estar dispuestos a valorar las competencias típicas de cada una de las fases en las que se encuentra, reforzando progresivamente su autonomía y evitando hacerle sentir que está equivocado.

Con el refuerzo positivo esto no ocurre. Al buscar, únicamente, sentirse amado, alcanzar el reconocimiento de sus padres, el niño confía en cumplir los deseos de papá y de mamá pero no siempre lo consigue. Con frecuencia, los padres, involuntariamente, le hacen sentirse fracasado porque lo juzgan, lo limitan, pretenden de él cosas que no puede hacer.

> Con tal de sentirse querido y reconocido, el niño renuncia a ser él mismo para adaptarse a la imagen del hijo ideal (pero no real) que sus padres tienen en la cabeza.

Vuestro hijo tiene una capacidad impresionante para adaptarse a vuestros deseos. A cambio de un poco de amor, está dispuesto hasta a contradecir su naturaleza. El refuerzo positivo es el instrumento perfecto: *hacerle sentirse amado y valorado solo cuando hace lo que vosotros queréis o se porte de acuerdo con vuestros valores (él, mientras, pierde su espontaneidad y se adapta a vuestro modelo)*.

En el fondo, tampoco difiere mucho de la filosofía del castigo: solo es la otra cara de la moneda.

¿De verdad queremos un futuro en manos de hombres que sean como marionetas?

¿De verdad queremos niños amaestrados que renuncien a su espontaneidad, a su vitalidad? ¿Cómo van a tener confianza en ellos mismos y en sus infinitos potenciales si los obligamos a prostituirse a cambio de una ración extra de caramelos? ¿Cómo podrán aprender de sus errores si de pequeños les enseñamos a actuar como autómatas o robots teledirigidos?

Vuestro hijo tiene derecho a recibir todo vuestro apoyo para poder ser lo que es, no lo que a vosotros os gustaría que fuese. Si se siente apoyado en sus necesidades y respetado por su naturaleza como individuo no puede convertirse en un niño maleducado. Solo lo será si tiene motivos para estar enfadado, traicionado o sentirse en una jaula.

¿Sabéis de dónde procede la teoría del refuerzo positivo? Todo comenzó en el siglo XIX, cuando el desarrollo científico empujó a los seres humanos a encerrar a los animales en un laboratorio para realizar sus experimentos (algo que, desgraciadamente, aún ocurre hoy en día). ¿Cómo mantener tranquilos a esos pobres animales enjaulados, cómo convencerlos para que se adapten a la luz y el horario artificiales del laboratorio? Los científicos se dieron cuenta de que podían obligarlos a que realizasen determinadas acciones reduciéndoles la cantidad de comida: los dejaban durante un tiempo en ayunas y, si seguían correctamente las instrucciones, los premiaban con un buen bocado.

Es evidente que, de esta forma, la verdadera naturaleza del animal se ve totalmente aplastada. ¿Qué ocurriría de encontrarse el animal en su hábitat natural, en plena posesión de sus facultades? ¿Piensas que los científicos llevarían las de ganar?

Quizá os parezca absurdo comparar la situación que os acabamos de describir con la que vivís en casa, con vuestro hijo. Es distinta, en efecto, pero, bien mirado, la esencia es la misma. Si utilizamos el refuerzo positivo, en el fondo estamos haciendo la misma cosa: le racionamos lo que desea (desde un caramelo o un juguete, hasta nuestra atención, nuestro amor y nuestro reconocimiento) para dárselo solo cuando se porta como nosotros queremos.

Para los científicos, al igual que para nosotros, los adultos, es muy fácil poner en práctica esta estrategia. Como el animal, vuestro hijo se encuentra en la posición más vulnerable y esto es por tres motivos principales:

— *Todavía no es un individuo maduro*: está en clara desventaja: siente, percibe, pero no consigue elaborar racionalmente la información, no cuenta con los instrumentos necesarios para invertir la situación a su favor (en pocas palabras, no puede mandaros a cierto sitio, hacer la maleta, sacar dinero del cajero e irse a vivir a un hotel).
— *Depende todavía del adulto*: con tal de recibir las atenciones vitales que precisa no tiene más remedio que adaptarse a lo

que se le ofrece (el riesgo de dejar de recibir amor es demasiado alto, las consecuencias son demasiado terribles).

— *Tiene menos experiencia que vosotros*: es inteligente, activo, tiene visión de futuro, pero la reverencia que siente hacia vosotros es tal que, antes o después, cede ante vuestros deseos, aunque sea a regañadientes: inicialmente, podrá rebelarse pero al final siempre termina adaptándose (tal y como la teoría del adiestramiento prevé que pase).

Y ahora vamos a acabar con un mito: hagáis lo que hagáis, vuestro hijo no se convertirá jamás en un robot, en un soldadito de juguete o un muñeco que podáis manejar a vuestro antojo (por suerte).

> Aunque intentéis amaestrarlo y, al principio, tengáis la sensación de que lo habéis conseguido,
> tarde o temprano se rebelará.
> La naturaleza no se puede contener, bloquear ni dominar: es más fuerte que todo y al final siempre se abre camino.

Tiene que hacer las cosas por el puro placer de hacerlas, por el placer de descubrir y de aprender, y no para complacer a papá y a mamá, para recibir un «¡bien hecho!» o algo a cambio. Así pues, intentad evitar las situaciones en las que vuestro hijo se siente obligado o inducido a hacer algo a cambio de un premio. En caso contrario, apagáis sus recursos naturales y activáis el mecanismo de la competitividad y de la ansiedad de prestación, privándolo de la preciosa oportunidad de edificar su vida sobre sí mismo y no sobre el exterior.

LA PRÁCTICA

11

LAS DOCE CLAVES PARA RESOLVER CUALQUIER CONFLICTO O RABIETA

DIARIO DE ROBERTA

V. ME DA DINERO (POR FIN)

Ha pasado mucho tiempo desde que tuvimos nuestro primer encuentro. Hace ya tres años que V. pasa con nosotros la Navidad y una buena parte de las vacaciones de verano. Siempre lo acogemos con los brazos abiertos y hacemos todo lo posible para ayudarlo a crecer, a mitigar las heridas del pasado para que la rabia, la agresividad y el miedo cedan el paso a su naturaleza dócil y, al mismo tiempo, fuerte y valiente.

La semana pasada hemos recogido otro fruto: un verdadero regalo que ha premiado nuestro esfuerzo y nuestro compromiso pero, sobre todo, sus esfuerzos para superar los mecanismos del pasado y volver a tener confianza en los adultos.

A V. nunca le ha gustado perder. Es más, una de sus características es que siempre quiere ganar a toda costa. Si no conseguía ser el primero era un verdadero drama. Llegaba hasta a hacer trampas y a mentir con tal de alcanzar su objetivo. En un niño pequeño sería comprensible. ¡El problema es que V. tiene trece años! Siempre he sido consciente de que sus carencias afectivas podían hacerle parecer, ser, un niño mucho más pequeño de lo que es en realidad.

¿Cómo debería comportarme?

Mi respuesta ha sido esta: no hacer nada, salvo, claro está, intentar sanar sus heridas, igual que siempre. Luego, la semana pasada, ha ocurrido. Estábamos jugando al Monopoly (la versión para niños, que le encanta); yo estaba intentando ganar, como si estuviera jugando con un igual, sin favorecerlo en ningún momento. Me esperaba alguna protesta ruidosa y, en cambio... nada. Él también estaba intentando ganar, sin dramatismos, es más, divirtiéndose mucho. En un momento dado, yo iba perdiendo descaradamente. Él, con tal de continuar jugando, me ha regalado (regalado, no prestado) un buen fajo de dinero para que pudiésemos seguir divirtiéndonos juntos.

Cuando me compraba algún barrio, en vez de elegir los que le harían obtener una notable ventaja sobre mí, se apoderaba de los de menos valor para que ambos resultáramos beneficiados. Sin carreras inútiles por ver quién gana (se trate del juego que sea siempre evito este aspecto, subrayando, en cambio, el esfuerzo de superar los propios límites), hemos pasado una tarde muy divertida, intensa y gratificante, ayudándonos el uno al otro por el simple gusto de aprender, jugar, estar juntos. Maravilloso.

Y ahora, algo de práctica...

Las doce claves que estáis a punto de leer son los principios básicos que os permitirán resolver cualquier conflicto o rabieta.

Hasta ahora hemos afrontado los obstáculos interiores que pueden amenazar la relación con vuestro hijo. Os hemos explicado qué son las rabietas y lo importante que es anticiparos a sus necesidades y manteneros firmes en vuestras decisiones.

Ya conocéis más de cerca sus necesidades fundamentales y los métodos educativos de los que tenéis que manteneros alejados, no solo por su bien sino también por el de vuestra relación.

Ahora podemos dedicarnos un poco a la práctica, examinando los ingredientes esenciales para desactivar las rabietas o resolverlas de la mejor forma posible. Cada uno de ellos encierra una gran verdad. Se trata de doce palabras mágicas que pueden ayudaros a superar cualquier dificultad, no solo en el caso de las rabietas, sino, más en general, en la vida de todos los días.

1. Sintonía

Evitad, si es posible:

— Iros y dejarlo solo (piensa que no sentís interés por él y se siente abandonado en un momento de dificultad).
— Dejar de prestarle atención diciéndole que «cuando se porta así» no le queréis escuchar.
— Ignorarlo.
— Pensar que ya se le pasará.
— Decirle que se las arregle solo porque tiene que aprender.

¿Por qué no pueden funcionar estas respuestas?

Porque, como sabéis ya, una rabieta nunca es solo una rabieta: no es algo sin importancia, sino un momento difícil en el que vuestro hijo experimenta un profundo malestar y os necesita. Esta es la primera falsa creencia de la que os tenéis que liberar. Al principio es normal que os olvidéis, soltéis un bufido o penséis que «solo son cuentos».

Pero si ponéis en primer lugar su malestar y su motivación profunda podemos garantizaros que, en unos pocos días o unas pocas semanas, habréis aprendido perfectamente a considerar estos estados de ánimo como lo que son realmente, con todos los beneficios que ello reporta.

2. Sentimientos (los vuestros)

Evitad, si es posible, decir, con aire ofendido o desafiante:

— «Cuando dejes de llorar...».
— «¡No te consiento este comportamiento!».
— «En cuanto se te pase, hablamos».

A la fuerza, antes o después deja de llorar o de poner cara larga y acude a vosotros con el rabo entre las piernas... Pero ¿habéis logrado lo que pretendíais? ¿Ha sido eficaz? No.

Vuestro hijo «para» porque, llegado a un cierto punto, la salida de la emoción acaba y se activa en él una serie de mecanismos que tienen como objetivo salvaguardar su propia supervivencia (un poco como si se activase un proceso natural de cicatrización). «Pero, en ese caso...», diréis, «¿el tema se resuelve solo?». No. Se trata de un mecanismo reparador, de una especie de efecto tapón que, en realidad, no sana del todo: la herida sigue ahí (y en muchos casos la podríais evitar), el efecto tapón crea la ilusión de que se ha curado, pero por dentro sigue sangrando. ¿Durante cuánto tiempo? A veces, durante años.

Pensad durante unos segundos en vosotros mismos: ¿cuántas heridas, cuántos rencores (si es que los tenéis) que creéis que se originaron durante vuestra infancia afloran todavía ahora, sin que sepáis cómo remediarlo?

Vuestro hijo vuelve, se somete en nombre de la necesidad, pero ha ahogado inexorablemente sus sentimientos. Ha perdido la oportunidad de aprender de vosotros cómo se acepta un estado de ánimo, cómo se resuelve un problema, cómo se le encuentra solución (cuántas veces, ya siendo adultos, decimos: «No sé qué hacer...»).

Sin duda, ha sido una buena lección sobre cómo ocultar los sentimientos, sobre cómo tragarte el dolor y... sobre lo injusta que es la vida y la poca empatía que tienen los adultos.

Evitad (contrariamente a lo que aconsejan muchos) expresar abiertamente vuestras emociones: «Estoy furioso», «Ahora sí que me he enfadado», «Me faltas al respeto portándote así», «No puedo más, ya no sé qué hacer contigo», etc., aunque se lo digáis con calma y sonriendo. ¿Por qué? Porque de hacerlo corréis dos riesgos:

- *Que vuestro hijo se sienta culpable y responsable de vuestro estado de ánimo.* Durante la fase egocéntrica se siente el centro de todo: no se considera solo el propietario de todo lo que le rodea (servicios y beneficios incluidos), sino también el artífice de lo que ocurre. Aunque la responsabilidad de lo que sintáis ante sus rabietas sea solamente vuestra, él no lo entiende así, se siente responsable. Culpabilizarlo inútilmente debilita su autoestima, lo hiere y crea confusión en él porque no coincide con la idea de lo que deberíais hacer para que se encuentre a gusto.
- *Que perciba vuestra debilidad y se sienta a merced de la misma.* En su interior se activa el miedo a no ser acogido, a que no consigáis resolver sus dificultades, y esto crea una diferencia entre vosotros, dañando la confianza y el afecto que siente hacia vosotros. Con el paso del tiempo esta brecha puede ir haciéndose cada vez profunda hasta convertirse en un problema evidente en los años siguientes, cuando vuestro hijo empiece a ir al colegio, se convierta en un adolescente y luego en un adulto. Entonces será demasiado tarde: empezará a faltaros al respeto, dejará de tomar en cuenta vuestros consejos, hará todo lo que sea posible para no parecerse a vosotros o para heriros.

Esto no quiere decir que debáis reprimir o sofocar vuestras emociones. Al revés, es muy beneficioso para ambas partes que os concedáis el observarlas y acogerlas, estar enfadados, molestos, furiosos, preocupados porque no sabéis qué hacer, etc. Escuchad vuestros sentimientos. Localizadlos y luego haced un esfuerzo y acogedlos, como haría la más amorosa de las madres. Podéis deciros a vosotros mismos: «¡Me ha puesto a cien!», «¡Le daría de bofetadas!», «¡Tengo ganas de gritar!», «¡No puedo más!», «¡No lo soporto!». Luego, como si en vuestro interior hubiese una madre dispuesta a acogeros: «Todo va bien, tranquilidad, es normal sentirse así», «No pasa nada, no hay ningún problema, has hecho algo que era muy importante para ti», «Respira hondo, otra vez... Sé que puedes conseguirlo, ahora ya tienes todo lo que necesitas para acoger tú también».

Intentar para creer. Podemos garantizaros que solo por aceptar vuestras emociones sin juzgaros os sentiréis mejor. La tensión disminuirá y el nerviosismo irá descendiendo hasta desaparecer, permitiéndoos recuperar la lucidez necesaria para acoger de la misma forma a vuestro hijo.

Haced un esfuerzo y sed neutrales: acoged vuestras emociones y luego dejad que se vayan para manteneros distanciados, sin prejuicios, conscientes de vosotros mismos cuando estéis con él. Esto no significa ser fríos. Se es frío cuando no se da importancia a lo que está ocurriendo, cuando no os mostráis disponibles ni empáticos. Si sois neutrales, en cambio, transmitís a vuestro hijo la sinceridad de vuestra intención, sin viciarla por vuestro estado emocional o alterarla por impulsos que toman las riendas.

Intentad no enfadaros, aunque llevado por la rabia os diga cosas desagradables u os dirija reproches muy duros. ¿Cuántas veces los adultos decimos, impulsivamente, cosas que no pensamos de verdad y de las que luego nos arrepentimos?

Para vuestro hijo el mecanismo es aún más sutil. Él no piensa, vive, y decir cosas desagradables (como ha visto hacer a algún adulto o en la tele) es, simplemente, una forma de desahogar mejor toda su rabia, su angustia o su frustración. No le coartéis, dejad que ocurra. Si él está enfadado con vosotros podéis decirle, por ejemplo (con una sonrisa amable): «¡Vaya, pero qué papás más malos tienes! ¡Siempre vienen a recogerte demasiado pronto!». Si empezáis a identificaros, si os enfadáis, perdéis la seguridad y vuestra debilidad hace tambalearse aún más la emotividad de vuestro hijo, empeorando la situación. Si os identificáis, estáis robando atención a vuestro hijo para proyectarla sobre vosotros. Como decíamos algo más arriba, es beneficioso que acojáis vuestro estado de ánimo, pero no podéis permitiros identificaros mucho rato con vuestros problemas.

En el fondo los adultos sois vosotros.

Por otro lado, ¿tan frágiles somos que perdemos la calma, nos enfadamos y vacilamos ante las reacciones y los mecanismos de defensa de un crío?

El secreto ninja

La última frase que habéis leído quizá os haya sonado un poco como una provocación. Es cierto que los adultos fuertes e invencibles sois vosotros, pero en vuestro interior se esconde un niño dotado de sentimientos. Es natural, por lo tanto, que vosotros también os podáis sentir heridos. Sin embargo, si queréis ser eficaces con vuestro hijo es conveniente que, antes o después, intentéis sanar vuestras propias heridas para que el presente no os haga revivir el pasado. Este es el secreto. Vamos a sugeriros una posible solución para evitar que las palabras de vuestro hijo os «enciendan». Por ejemplo: «Todo perfecto hasta aquí, pero cuando nos llama *pesados* no lo soportamos». Cuando os dais cuenta de que el meollo de la cuestión es ese (escuchar que os llama *pesados*), no os juzguéis, escucháos y luego preguntáos: «¿Por qué nos molesta tanto que nos diga eso? ¿Quizá yo también me lo llamo de vez en cuando, en vez de acogerme? ¿Quizá siento que lo soy mientras hago o digo algunas cosas? ¿Quizá alguien muy importante en mi infancia me repetía que lo era o me hacía sentir que lo era y he sufrido mucho por eso?». Buscad con calma la respuesta en vuestro interior. Cuando la hayáis localizado, continuad acogiéndoos y luego (segunda parte del secreto ninja) haced cuanto esté en vuestra mano para deshacer ese nudo. Por seguir con el ejemplo que acabamos de poneros, he aquí algo que podéis hacer a diario:

— *Observaos, escuchaos a vosotros mismos* y cuando notéis que os estáis llamando estúpido/a decid: «OK, me he llamado estúpido/a. Y no es cierto. Soy una persona inteligente, con talento y una gran habilidad para muchas cosas» (podéis enumerar las cosas que hacéis bien, aunque al principio os parezca que son muy pocas o no os lo creáis mucho).
— *Haced una lista de todas las situaciones en las que os sentís estúpidos/as*, luego preguntaros qué formas de actuar y qué actitudes podrían impediros que os sintáis así y empezad a ponerlas en práctica.
— *Acoged lo que sentís y concedeos estar enfadadísimos* con la persona que os hizo sentir que erais estúpidos/as de pequeños. Evitad justificarla (aunque solo sea por esta vez y aunque hoy, desde la óptica de una persona adulta, podáis comprender por qué lo hizo). Por último, concedeos aquello que creáis que os faltó de niños: divertíos, premiaos siempre cuando hagáis algo bien y cuando lo hagáis menos bien, quereos a vosotros mismos también cuando os equivoquéis.

No olvidéis nunca que el verdadero objetivo no es que él os escuche y os haga caso, que se porte bien y no os estropee el día. El verdadero objetivo es criar y educar a un futuro adulto maduro, equilibrado, sincero, cariñoso, capaz de resolver sus propios problemas, de escuchar lo que siente y de saber cómo curar sus propias heridas emocionales (tener un buen trabajo, disfrutar de una relación satisfactoria de pareja, realizar sus sueños será la consecuencia natural de todo ello).

Os lo repetimos una vez más: vuestro hijo aprende por imitación. Es imposible que obtengáis todo esto si no le dais ejemplo de ello, si se acostumbra a mentir por miedo al castigo, si no es capaz de nombrar lo que siente o le pasa.

De vuestras palabras y de vuestra actitud debe obtener la *certeza* de que estáis de su parte, de que lo amáis en cualquier circunstancia, pase lo que pase. Y de que él no es unas veces bueno y otras malo: es, sencillamente, él mismo y vosotros lo amáis incondicionalmente.

3. Sentimientos (los suyos)

Análogamente, es importante que él consiga exteriorizar lo que siente y percibir vuestra neutralidad, vuestra empatía y vuestra total disponibilidad.

He aquí lo que podéis hacer para ayudarlo:

— *Evitad enfadaros* en el acto e incurrir en la falsa idea establecida de que él es culpable de algo.
— *Preguntadle siempre qué ha pasado* o, si está teniendo una rabieta, por qué está tan disgustado (para él debe quedar muy claro que no queréis averiguar quién ha metido el dedo dentro del bote de la mermelada, solo saber si le apetecía, porque en tal caso podéis ayudarle para que se coma toda la que le apetezca).
— Si tiene dificultades para verbalizar lo que siente (ocurre con frecuencia sobre todo al principio, cuando no está acostumbrado), *ayudadle a darle un nombre a sus sentimientos y a sus emociones*: «¿Qué ha pasado?», «¿Cómo te sientes?», «¿Estás muy enfadado/aburrido/cansado?», «Lo sé, te entiendo». O bien: «Dime, cariño, ¿cuál es el problema? Aquí estoy yo para ayudarte».
— Si no quiere ni oír hablar de aprender a expresarse y se obstina en seguir con ese tono quejumbroso que tanto nos molesta a los adultos, *podéis decirle*: «Siento que estés tan nervioso, yo estoy aquí para ayudarte, pero si no sé qué te pasa, ¿cómo voy a hacerlo?», «Desahógate si quieres, yo

estoy aquí, esperando... Mientras, ¡intenta averiguar qué te ha pasado!».

— Si la sensación de rabia o de disgusto es tan fuerte que lo empuja a emprenderla contra los objetos o contra sí mismo, *podéis acercaros a él* (sin perder la calma o el control de la situación) y *contenerlo diciéndole que lo entendéis* pero que no estáis dispuestos a aceptar que se haga daño a sí mismo. Si queréis, podéis salir a la calle y emprenderla a patadas contra un árbol (pidiéndole antes permiso al árbol) o elegir algo que no se rompa para arrojarlo con violencia contra el suelo, por ejemplo, algún objeto de plástico: «Si estás enfadado y necesitas descargar tensión, tíralo si quieres; es más, te doy yo otro para que lo hagas...».

Describidle cómo se siente, si él no es capaz de decíroslo. Si es demasiado pequeño y no ha aprendido (por imitación) a exteriorizar y describir su estado de ánimo, es posible que tengáis que ser vosotros los que debáis hacerlo en su lugar. En estos casos es necesario que le describáis en voz alta, siempre con la máxima comprensión, qué está sintiendo y qué le ha pasado, cuál es la causa.

Quizá estéis pensando: «Pero ¿cómo voy a averiguarlo? Si ese es precisamente el problema, que no consigo entender qué le pasa». En realidad, no es así. Si no lo entendéis es porque estáis más pendientes de cómo solucionar el problema que del niño (si, efectivamente, es así, ¿cómo vais a entender qué le pasa?).

Respirad hondo, miradle a los ojos, concentraos en vuestro hijo. Si lo pensáis detenidamente, si estáis acostumbrados a observarlo siempre podréis intuir los motivos por los que está disgustado. Quizá le hayáis regañado la noche anterior, o hace un minuto, quizá se haya peleado con un amiguito, quizá haya dormido mal, quizá le dé miedo algo, quizá se estaba aburriendo o está nervioso por las tensiones que estáis viviendo en casa, quizá haya sentido que su hermano o su hermana estaban siendo abusones con él, etcétera.

Una vez identificado el problema, expresadlo por él con seguridad: «Lo sé, estás enfadado porque papá no jugó anoche contigo. Tienes razón... Los mayores, a veces, están demasiado ocupados, no consiguen hacer todo lo que les gustaría y hacen enfadar a los niños. ¡Ay, este papá, qué bobo, que no ha entendido lo importante que era para ti que jugarais juntos! ¿Qué te gustaría decirle?» (aunque lo que te diga no sea muy educado, tranquilo, sea lo que sea, está bien).

Por último, buscad un sistema que lo ayude a sentirse mejor. Si tiene seis o siete años podéis empezar diciéndole: «Vamos a arreglarlo juntos, ¿qué se te ocurre?», escuchando lo que os propone.

4. Sensibilidad

Demostradle que sabéis lo duro que es sentirse como él se siente mientras tiene una rabieta: es fundamental y marca una gran diferencia. Aunque ya os lo hemos dicho, queremos subrayarlo: *vuestra empatía es de vital importancia.*

Poneos en su lugar, escuchad con el corazón lo que está sintiendo y demostradle que lo entendéis, que estáis de su lado (ya sea con vuestra mirada y vuestra actitud como con vuestras palabras). Aunque a os parezca algo banal, evitad ridiculizarlo o quitarle importancia al asunto.

5. Apoyo

Que sienta confianza. Que no dude que estáis dispuestos a ayudarlo y a resolver su problema. Así recibe dos mensajes utilísimos: en primer lugar, le estáis dando una importante lección de vida, indicándole cómo se hace frente a las dificultades (y él puede aprender de vosotros imitándoos). En segundo lugar, le estáis otorgando una gran confianza y él lo nota: cree en su capacidad para superar un momento difícil, en caso contrario no le propondríais que lo resolviese él. El hecho de que vosotros lo ayudéis no le hace sentirse inferior ni lo debilita, todo lo contrario: él necesita que le deis ejemplo cuando os da a entender que no consigue solucionar solo el problema (cada cosa a su edad).

Una precisión útil: ayudarle a deshacer un nudo emocional, un estado de ánimo que le entristece, una situación que no sabe superar él solo no quiere decir que lo hagáis todo por él, con la intención de protegerlo de los «peligros del mundo». Hay padres (a nosotros nos ponen los pelos de punta) que, cuando su hijo aprende a andar, no quieren que vaya muy deprisa porque tienen miedo de que se haga daño. Padres que, cuando su hijo se cae, le impiden que aprenda a volverse a poner de pie (no ha terminado de caerse al suelo y ya lo están levantando). Padres que no soportan ver llorar a su hijo, aunque sea eso lo que el niño necesita (el llanto es una excelente válvula de escape).

Apoyarlo significa también evitar frases tipo: «¡Mira cómo te has puesto la camiseta!» (si se ha ensuciado habrá tenido un buen motivo para hacerlo: puede que haya jugado en el parque —¿cómo puede uno jugar en el parque sin ensuciarse?—; puede que tenga seis meses y que esté comiendo en la trona —¿cómo puede uno no ensuciarse con seis meses?—. Haced todo lo posible para reorganizar vuestras prioridades y que estas sean compatibles con la realidad. En este caso, no tenemos ningún consejo en particular: evitad, simplemente, juzgar lo que hace con etiquetas o frases inútiles.

Esforzaos en no juzgarlo. Sería maravilloso que, en el mundo del futuro, se comprendiese, por fin, a los niños. Sería maravilloso que los adultos los respetasen realmente, que entendieran los motivos por los que hacen lo que hacen sin culpabilizarlos, sin juzgar, ni a ellos ni lo que hacen. En ese mundo crecerían, por fin, adultos maduros, responsables, seguros de sí mismos. Es horrible sentirse acusado y humillado a diario por cualquier cosa (desde la más grave hasta la más inocente). ¿A vosotros no os ocurriría lo mismo?

6. Sí

Evitad decirle: «No corras», «No saltes», «No rompas eso», «No comas eso», «No grites», «No te muevas», «No hables», «Espera». El impulso que empuja a actuar de una determinada forma siempre es más fuerte.

> La negación y la privación lo empujan a hacer cosas a escondidas y le provocan un estado de tensión que intentará desahogar en cuanto pueda, levantando la voz, rehuyendo vuestro control cuando estáis en la calle, interrumpiéndoos cuando habláis o intentando llamar aún más vuestra atención.

¿Qué podéis hacer en ese caso?

Intentad valorar lúcidamente y sin prejuicios si vuestro hijo, en ese momento, no puede hacer realmente lo que hace (por ejemplo, correr) o si se lo decís solo pensando en vuestro propio interés, porque os está molestando, porque tenéis miedo de que le pase algo o porque la situación se os ha ido de las manos. En todos estos casos, en realidad, el niño puede echar a correr.

Si no tenéis realmente más remedio que decirle que no, acoged primero su necesidad y luego emplead la «danza del sí».

La danza del sí (o cómo gestionar la frustración que provoca no poder hacer una cosa inmediatamente)

La danza del sí es una excelente solución que podéis usar cuando no hay más remedio que decirle que no. Tras estar plenamente seguros de que el «no» está justificado y es realmente inevitable, hay dos cosas que tenéis que hacer:

— *Acoged el estado de ánimo y la necesidad de vuestro hijo*, demostradle que lo comprendéis.

— *Decidle que podrá satisfacer su necesidad en otro momento*, que solo tenéis que encontrar el momento adecuado; llegados a ese punto, planeadlo y mantened la promesa.

Vamos a poneros un ejemplo práctico. Vuestro hijo llega a casa del colegio y os dice que esa tarde quiere ir a jugar con Lucas, su vecino del bloque. Vosotros sabéis que no es posible porque esa tarde tenéis hora en el dentista. Si pensáis que os va a dar tiempo, podéis decirle que irá en cuanto volváis del dentista y que podrá quedarse hasta la hora de la cena. Si, en cambio, como en la consulta siempre hay que esperar, sabéis que lo más probable es que estéis de vuelta en casa antes de la hora de la cena, podéis contestarle: «¡Qué buena idea, ir a casa de Lucas, con lo bien que te lo pasas con él! Hoy tenemos cita en el dentista, así que iremos mañana, ¡prometido! Llamo ahora mismo a su mamá para decírselo y, si quieres, le pregunto que si te puedes quedar también a cenar».

Así, de esta forma, habéis satisfecho su necesidad, habéis demostrado que le entendéis, le habéis ofrecido incluso más de lo que él quería inicialmente y, sobre todo, no le habéis transmitido una sensación de privación. A vuestro hijo, de todas formas, le disgustará no poder ir esa tarde (¿qué hay de malo en sentir disgusto? En la vida es frecuente tener que hacer frente a una desilusión) pero, con vuestra ayuda, entenderá también cómo ponerle remedio y cómo reelaborar lo que siente. Tenemos que haceros una advertencia: al principio es posible que, pese a vuestras propuestas y buenas intenciones, vuestro hijo se rebele diciéndoos: «¡Yo quiero ir esta tarde! ¡No quiero ir al dentista! ¡Siempre hay que hacer lo que vosotros decís! ¡Yo me quedo aquí!» y frases de este tipo. ¿Qué hacer en ese caso? No desesperarse, siempre se puede encontrar una buena solución. Lo primero, intentad mantener la calma y poned en práctica los antídotos que habéis aprendido hasta ahora: acoged su disgusto, sed neutrales, no os identifiquéis, decidle que lo entendéis pero que justo hoy es imposible, que él tiene razón, que puede seguir despotricando hasta que se desahogue del todo porque tiene razones de sobra para estar disgustado, pero que al dentista vais a ir de todas formas.

> ¿Cuál es la diferencia? Vuestro estado de ánimo.
> Si hacéis la prueba de poneros en su lugar sin perder la calma ni la sonrisa, vuestro hijo se desahoga y luego hace lo que debe hacer porque sabe que en cuanto sea posible verá satisfecho su deseo.

Al principio, es posible que (más de una vez) vuestro hijo os rebata y se enfade igual que siempre. Persistid, actuad como el agua con la piedra. Mucho antes de lo que os imagináis, la danza del sí dará sus frutos y empezaréis a sentar las bases de un buen diálogo con él, a hacerle entender y lograr que se muestre deseoso de colaborar.

Los niños están serenos cuando se sienten seguros. Y para ellos sentirse seguros implica también saber que cuentan con unos padres que saben elegir por ellos mientras ellos son demasiado pequeños como para hacerlo por sí mismos. Unos padres seguros de sí mismos y con iniciativa y que saben qué es lo que está bien. Este «bien» tiene que tener un sentido: si papá y mamá dicen demasiadas veces que no ante cualquiera de sus iniciativas o sus peticiones, porque han adoptado esa postura, no tardan en perder la confianza.

7. ¡Tranquilidad!

¿Estamos capacitados para cambiar nuestros principios? ¿Podemos dejar de pensar que las peticiones de nuestro hijo son meros caprichos? ¿Empezar a pensar que dar incondicionalmente no es mimar, que mantenerse firmes y decididos no es indicio de dureza o de tiranía? Os dejamos estas preguntas sin contestar, esperando que os proporcionen motivos de reflexión. Y un pequeño consejo. ¡Tranquilidad! ¡Relajarse un poco puede ser bueno para todos! Anticiparse a la necesidad reduce drásticamente el número de caprichos y rabietas.

8. Espejo

Intentad poneros siempre en su lugar. «¡Tienes la camiseta llena de barro! Te lo has pasado genial en el parque, ¿eh? Trae, que la meto en la lavadora...». ¿Es más importante una camiseta limpia que un tarde en la que vuestro hijo no ha dejado de jugar y ha aprendido un montón de cosas? ¿Es más importante un trajecito impoluto que el hecho de que vuestro niño se familiarice con la comida y aprenda a alimentarse correctamente? ¿Qué es más importante, que vuestra hija corra, sude, se divierta o que no se deshaga las trenzas y mantenga todos los lacitos en su sitio?

Miradlo: ¿no os sentís un poco como si estuvierais frente a un espejo? Si tuvieseis su edad, es probable que vosotros también sintieseis lo mismo. Vosotros también querríais pasar más rato con vuestra madre o emplearíais diez minutos en ataros los cordones, en abotonaros la blusa, en subiros la cremallera de la sudadera antes de salir. Vosotros también os ensuciaríais jugando en el parque o mientras os familiarizáis con la cuchara y el tenedor. «¡Qué difícil! Tienes razón, ¿quieres que te ayude?». Si dice que sí, bien; en caso contrario, haceos a la idea de que siempre tendréis que emplear diez minutos más, hasta que él aprenda a hacerlo solo. No es tan imposible como parece. Recordad: ¡el tiempo es un tirano solo con quien no sabe gestionarlo!

9. Control

Vuestro hijo quiere sentirse contenido dentro de unos límites. Eso no significa constreñido, tratado a empujones, forzado. Debe saber y sentir que tenéis controlada la situación. Si tomáis las riendas, lo contenéis físicamente (sin hacerle daño) cuando llora, para él será más fácil desahogarse y liberar la emotividad retenida. Si perdéis la calma, os ponéis nerviosos, no os atrevéis a hacerle frente (una situación mucho más frecuente de lo que os imagináis: por eso muchos padres delegan en los hijos responsabilidades y elecciones) o lo culpabilizáis, estáis perdiendo el control de la situación. Él no se siente dentro de unos límites y ayudado por quien debería garantizarle su seguridad. ¿Cómo podemos pretender que nuestro hijo no tenga rabietas si nosotros somos los primeros en perder el control? ¿Cómo podemos pedirle que no tenga miedo si somos nosotros los primeros que tememos su reacción?

10. Infantilismo

Evitad las explicaciones racionales. Cuando no queráis que vuestro hijo haga algo, evitad caer en la tentación de hablarle como si fuera un adulto. Por ejemplo, vamos a suponer que él se sienta especialmente atraído por la sartén cuando está en el fuego. Muchos padres se apresurarían a ponerle sobre aviso diciéndole: «¡No! ¡Cuidado!», «No toques nunca una sartén cuando está en el fuego, es muy peligroso!», «¿Ves cómo el fuego está calentando el aceite? Está hirviendo, ¡si lo tocas te quemarás los dedos y habrá que llevarte a urgencias!». ¿Creéis que eso resuelve algo? ¿Creéis que a vuestro hijo se le pasará la curiosidad que siente hacia la sartén, que no seguirá teniendo ganas de comprobar si es cierto que quema? La respuesta es no. Todos los niños entre los cero y los siete años aprenden casi exclusivamente a través de la experiencia y siguiendo sus instintos. En este caso, por ejemplo, sería mucho mejor decirle a vuestro hijo que el fuego puede ser peligroso y dejarle tocar la sartén mientras aún está solo templada, para que compruebe que, efectivamente, la temperatura aumenta y puede quemarse. Los niños son mamíferos: tienen un sentido del peligro innato. Si le acompañáis en sus descubrimientos, su instinto permanece alerta e impide que ocurran accidentes.

Si vuestro hijo de tres años os pregunta por qué llueve, no le deis una clase sobre los principios físicos por los que el agua se evapora y cae sobre la tierra en forma de lluvia. ¡Provocaríais un auténtico motín! Vuestro hijo vive en su mundo de fantasía, podéis «infantilizaros» y apoyaros, con excelentes resultados, en el mundo de fantasía que a él tanto le gusta. Por ejemplo, podéis contarle que las nubes son unas señoras que están encargadas de dar de beber a la hierba y a las flores, igual que vosotros dais de beber a las plantas que tenéis en la terraza o a él cuando tiene sed. La fantasía y la vida cotidiana son las mejores aliadas.

11. Especial

Vuestro hijo necesita sentirse especial. Hacedle sentirse especial. Pensad en lo que sufríais vosotros de pequeños cuando sentíais que no ocupabais el primer lugar en el corazón de papá y de mamá. Ellos decían que lo hacían todo por vosotros pero vosotros teníais necesidad de otra cosa, os sentíais traicionados y decepcionados por su conducta. Ahora los comprendes y los justificas, sabes que, en el fondo, no podían hacer otra cosa, pero dentro de vosotros había un niño herido que puede que aún exista.

Conseguir que vuestro hijo se sienta especial con vuestras palabras y vuestros actos cotidianos. Él lo necesita. Nosotros hemos evitado muchos caprichos y rabietas apuntando hacia una relación que diese prioridad absoluta a sus necesidades. Por lo tanto:

— Miradle a los ojos cuando habléis con él.
— Poneos en su lugar.
— Entrenaos para decir, al menos, una vez que sí, aunque os sintáis empujados a decir: «¡No!».
— Conseguid sacar más tiempo para estar con él (es suficiente con diez minutos al día o una hora a la semana, para empezar).
— Cuando estéis con él intentad no estar pensando en otra cosa y no tengáis prisa (para él el tiempo se dilatará y la media hora le parecerá media jornada).
— Escuchadlo.
— No minimicéis las cosas que os cuenta y que siente.

- Recordadle con frecuencia cuánto le queréis y qué especial es para vosotros.
- Jugad con él.
- Haced muchas cosas juntos, también cuando tengáis que cocinar, lavar el coche o pasar la aspiradora.
- Valorad lo que hace.

12. Solidez

Sed coherentes. Si tomáis una decisión y, a los pocos minutos os arrepentís, seguid adelante con ella, sin titubeos. Evitad ceder cuando hayáis decidido algo: vuestro hijo necesita notaros firmes, seguros, decididos. Por ejemplo, si le habéis dicho que no puede comer más caramelos y luego habéis comprendido que porque se tome otro caramelo no se va a acabar el mundo, paciencia: no volváis sobre vuestros pasos. Nada de caramelos. La próxima vez, sin embargo, pensároslo mejor...

12

LOS ONCE CONFLICTOS MÁS DIFUNDIDOS (Y CÓMO PODÉIS RESOLVERLOS)

Ya hemos llegado al meollo del asunto. Estáis a punto de descubrir la respuesta a las once preguntas que atormentan desde siempre a todos los padres. Se trata de los conflictos más extendidos, en los que, sin duda, no os costará reconoceros. Les haremos frente detalladamente, explicándoos cómo solucionarlos paso por paso.

1. Nuestro hijo llora: ¿qué podemos hacer?
2. ¿Cómo solucionar las peleas entre hermanos sin que nos suba la tensión?
3. ¿Por qué se niega a apagar la tele a su hora?
4. ¿Por qué no recoge sus cosas?
5. ¿Cómo conseguir que se lave los dientes todas las noches?
6. ¿Qué hacemos si no quiere terminarse todo lo que tiene en el plato?
7. ¿Cómo podemos evitar que toque cosas peligrosas?
8. ¿Conseguiremos algún día que se ponga a hacer los deberes sin gritos ni amenazas?
9. ¿Podemos lograr que se vista y salga de casa por las mañanas sin recurrir al chantaje?
10. ¿Cómo evitar los típicos caprichitos y que no pare de pedir cosas cuando vamos al supermercado?

11. ¿Cómo podemos ocuparnos de él sin desatender todo lo demás?

Podéis atesorar los consejos siguientes junto a los que ya os hemos dado en páginas precedentes y luego empezar a llevarlos a la práctica. Para facilitaros la tarea, vamos a resumir todo lo que hemos visto hasta ahora. El primer concepto fundamental es que una rabieta no es nunca solo una rabieta y que vuestro hijo, en esos momentos, está expresando una necesidad o un profundo malestar. Por lo tanto, evitad considerarla sí.

¿Cuál es la motivación profunda de vuestro hijo? Sondead las diversas posibilidades. Por ejemplo: está expresando una necesidad, no se siente comprendido, quiere llamar vuestra atención porque se siente desatendido, necesita descargar una tensión emocional, quiere defender su territorio, se siente violado en su fase egocéntrica.

Ahora preguntaos: ¿por qué no quiere apagar la tele, ponerse la camiseta roja, comer, hacer los deberes, ir al parque a jugar?

Encontrad su MOTIVACIÓN PROFUNDA.

Y ahora otro punto esencial: si mantenéis la calma, si no os identificáis con la situación, si adoptáis una actitud zen ante sus caprichos y rabietas, podréis resolverlos rápidamente. Basta con permanecer lúcidos, ir hacia él y decirle, por ejemplo: «Vamos a ver, ¿qué es lo que le pasa a este niño? Hoy no tenemos ganas de vestirnos, ¿eh? ¡Esta camiseta no nos gusta nada!».

De esta forma conseguís desdramatizar un poco sus mecanismos; él entiende que su conducta no os molesta, es más, que seguís ofreciéndole refugio y comprensión: «Ya lo sé, no quieres ponértela, pero es la que toca hoy (sonreídle de forma sincera y serena). Mamá ha sacado esta, lo ha decidido así...». Mantened la calma, sed firmes al decirlo, permaneced ahí, con vuestro hijo, miradle a los ojos y secundadlo en el sentimiento que experimenta («Cariño, ya lo sé, quieres poner nerviosa a mamá porque así está un poco más de rato contigo y porque ayer te hizo rabiar. Tienes razón, ayer no estuvimos mucho tiempo juntos. Te prometo que pondré más cuidado y que intentaré pasar más tiempo contigo!»).

Acoged, comprended, pero manteneos firmes en que la camiseta roja es la que hay que ponerse. Es decir: «Enfádate, desahógate si lo necesitas. Yo estoy aquí, si quieres te mimo. Y cuando llegue la hora de irnos, si no estás todavía vestido, paciencia... Saldrás en pijama». Si seguís los pasos que os hemos indicado con el espíritu que os hemos aconsejado os garantizamos que nunca llegaréis a ese extremo (salir a la calle en pijama).

Por qué os enfadáis enseguida y termináis dándole un grito o castigándole

¿Qué pone en peligro este buen resultado? Vuestro nerviosismo, la tensión que acumuláis en vuestro interior.

> Si percibe en vosotros una reacción negativa habéis perdido la partida. Los niños son muy sensibles: podéis negar la tensión o fingir que no pasa nada, pero ellos la notan de todas formas.

¿Por qué habéis perdido la partida?

No solo porque él haya captado vuestra reacción, sino porque de esta forma no puede *sentirse realmente comprendido*. Si os ponéis nerviosos, nunca podréis ser neutrales. Si os ponéis nerviosos los únicos responsables de vuestro estado de ánimo sois vosotros, pero eso vuestro hijo no lo sabe. Él observa la causa desencadenante, se siente el responsable, piensa: «Si se enfada conmigo, ¿cómo va a ayudarme? Si soy el motivo de su enfado, ¿cómo va a encontrar soluciones para mi problema?». Para él, el mensaje está muy claro: «Mamá/papá no está a mi disposición, no puede serme de ayuda: ¡está a merced de sus emociones!». La clave está, pues, en conseguir mantener la calma y permanecer neutral. ¿Cómo? Por ejemplo, haciéndoos a vosotros mismos la pregunta mágica: «¿Por qué me estoy enfadando?», «¿Por qué me estoy poniendo nervioso/a?», «Por qué sería capaz de darle ahora mismo una bofetada?», «¿Por qué estoy a punto de empezar a gritar?».

Deteneos un instante (no va a pasar nada por que perdáis dos minutos) y haceos estas preguntas con calma y, con la máxima sinceridad, buscad la respuesta en vuestro interior. Si os sirve de ayuda, seguid los pasos que os hemos aconsejado que sigáis con vuestro hijo. Encontrad la motivación profunda que ha desencadenado vuestra rabia. Dos chispas encendidas al tiempo provocan una explosión aún más fuerte. Si, en cambio, no sois una chispa sino el agua que apaga el fuego, la chispa que ha encendido vuestro hijo se apagará y el fuego quedará reducido a cenizas (y las cenizas, como bien sabes, son un excelente fertilizante). Lo que queda en vuestro hijo, en definitiva, es un terreno fertilizado: por terreno entendemos sus sentimientos, su necesidad de ser comprendido y ayudado.

Dos chispas que se encienden al tiempo, en cambio, son como dos niños que se miran el uno al otro como si cada uno fuera un espejo, dos niños que se ven el uno al otro mientras tienen una rabieta. Así que preguntaos vosotros también: «¿Por qué me estoy poniendo nervioso/a?», «¿Por qué me molesta tanto que se porte así?», «¿Por qué estoy a punto de empezar a dar gritos?». Las razones pueden ser numerosas. Vamos a ver juntos algunos ejemplos.

Puede que os moleste que no os escuche, que no os haga caso, no ser capaces de solucionar la situación, ver que vuestro hijo lo pasa mal, que las cosas no están saliendo como os gustaría, que vuestro hijo os reta. Puede que no sepáis cómo gestionar vuestra debilidad, el hecho de que os sintáis perdidos, vuestra sensación de impotencia, vuestra falta de organización que os sorprende en el último momento, justo cuando no tenéis tiempo. Puede que, por el contrario, tengáis miedo de equivocaros, de perjudicarlo, de no hacer lo que sea mejor para él. Son solo algunos ejemplos pero la lista podría extenderse hasta el infinito.

Una vez identificada la causa, evitad autoinculparos o acentuar esa emoción («¡Sí, estoy que me llevan todos los diablos!», «¡Todo está saliendo mal!», «Me aterra equivocarme», «¡Qué idiota soy!»). Aceptaos, igual que haríais con vuestro hijo: «Sí, tengo miedo». O: «Es verdad, me cuesta admitir que no soy capaz de resolver la situación, eso me hace sufrir mucho». Respirad hondo y decíos a vosotros mismos que todo va bien, que sentirse frágiles no es un pecado, que no saber qué hacer no es un error y que la próxima vez todo irá mejor.

El hecho de ser capaces de asumir la responsabilidad de vuestras emociones y de estar dispuestos a acogeros sin juzgaros negativamente reduce drásticamente la rabia. Os sentiréis más lúcidos, más neutrales.

Recordad: *el motivo de vuestra tensión está en vosotros*, no en vuestro hijo.

Sabemos que esta última afirmación puede suscitar alguna resistencia por vuestra parte. Os pedimos que hagáis un pequeño esfuerzo: id más allá, dad la vuelta al espejo, dirigidlo hacia vosotros y observaos; solo obtendréis ventajas de ello.

Si observáis a otros adultos os resultará más fácil comprender lo que estamos intentando deciros. No siempre, por ejemplo, vuestra pareja (o los amigos, los padres, etc.) se altera por los mismos motivos que tú. Es normal: sois personas distintas, tenéis sensibilidades diferentes. Pero, a veces, habrás visto que pierde los nervios por algo que a ti te parece una tontería o un motivo absurdo.

Con vuestro hijo ocurre lo mismo. Ahora poneos en su lugar y entenderéis que la causa de vuestra irritación tenéis que buscarla en vosotros mismos, no en él o en la situación que se ha creado.

Confiamos en que ahora os resulte todo más claro.

Y ahora vamos con el paso siguiente: RESOLVER LA SITUACIÓN SIN JUZGARLA. Como habréis entendido ya, los pasos que tenéis que llevar a cabo son dos. Vamos a verlos uno por uno:

1. *Resolver la situación.* Cuanto más pequeño sea vuestro hijo, más tendréis que ser vosotros quienes lo ayudéis. Al principio es inevitable que sea así (cuando es un bebé todo recae sobre vuestros hombros) y lo será cada vez menos a partir de los siete años, cuando él empiece a colaborar y a tomar la iniciativa. Evitad que vuestro hijo resuelva él solo los motivos de sus rabietas: si no os ve alcanzar una solución no podrá imitaros, aprender cómo se hace y repetir esa conducta cuando sea mayor. Por lo demás, si hubiese sido capaz de gestionar su emotividad o la situación en sí, ya lo habría hecho tranquilamente, sin necesidad de llorar, de llevaros la contraria o de iniciar un conflicto con vosotros.
2. *Sin juzgarla.* Juzgar a vuestro hijo significa pensar que está equivocado, que es un peso para vosotros, que quiere provocaros, que es un estúpido, que no entiende, que exagera, etc. Si lo etiquetáis de esta forma (solo con que lo penséis ya es suficiente) no lo estáis ayudando ni os estáis ayudando a vosotros mismos. Vosotros os ponéis todavía más nerviosos y él se ve obligado a ponerse a la defensiva, radicalizando su estado de ánimo y su conducta. Para él es difícil hacer caso a quien lo está juzgando porque percibe su doble moral, su mensaje contradictorio («Estoy intentando calmarme pero ahora mismo solo pienso cosas malas de ti»).

Contemplad a vuestro hijo como si no fuese vuestro, sino un niño que otros han dejado a vuestro cuidado

Queremos añadir una reflexión. Si lo pensáis bien, reaccionáis de forma desproporcionada ante las rabietas y caprichos de vuestro hijo, pero no ante las de otros niños. Pensadlo. Por ejemplo, una amiga va a casa a tomar un café y os pregunta: «¿Os importa quedaros una hora con la niña? Tengo que hacer un par de recados, en cuanto acabe me paso a recogerla». Vosotros, obviamente, le contestáis que sí. La niña empieza a ponerse enseguida especialmente pesada: lo toca todo, no para de preguntar: «¿Por qué?», os dice que tiene hambre y en cuanto le preparáis la merienda dice que ya no la quiere, etc. La niña os parece que está muy mal educada y que es insoportable, pero ¿qué hacéis? *No tenéis con ella como la misma reacción que tendríais con vuestro hijo.* Intentáis mantener la calma, le decís que no importa, no la perdéis de vista para que no rompa algo o se haga daño... En resumen, tenéis mucha más paciencia, sois más comprensivos. Entender por qué ocurre esto es interesante. ¿Por qué no os portáis igual con vuestro hijo? ¿Por qué con él os enfadáis enseguida y no tardáis ni un segundo en empezar a regañarle o en castigarle? Podéis contestar que con él tenéis confianza, que lo conocéis, que os sabéis sus tretas, que para eso es vuestro hijo...

Ante todo, estamos de acuerdo con Gibran Jalil Gibran cuando escribió: «Tus hijos no son tus hijos». Vosotros sois el medio por el que han venido al mundo, el instrumento con el que pueden desarrollar su talento y convertirse en adultos, pero no son «tuyos».

No podéis concederos el permiso para tratarlo mal o faltarle al respeto porque él no es hijo «vuestro» sino de la vida. No podemos permitirnos repetir los errores de los adultos que nos han precedido.

Lo cierto es que los hijos de vuestros amigos no os producen el mismo efecto porque no son los vuestros. Simple. ¿Por qué? Porque con los nuestros tenemos la mala costumbre de *identificarnos* y nos hacemos daño a nosotros mismos, además de hacérselo a ellos.

Es posible que sintamos una *excesiva carga de responsabilidad*, que con frecuencia veamos en ellos aspectos de nosotros mismos que no nos gustan, que inconscientemente estemos enfadados con ellos porque desde que han aparecido en nuestra vida ya no contamos con tiempo para nosotros mismos, porque a veces tenemos la sensación de que nos estamos anulando por ellos y es lo que hacemos, porque nuestras personas queridas parecen haberse olvidado de nosotros (preguntan por los niños, pero no por cómo estamos nosotros, solo les hacen ya regalos a ellos, etc.).

Puede pareceros exagerado, hasta puede que fuera de lugar, pero con frecuencia pedimos a los padres que piensen en sus hijos como si no fueran suyos sino unos niños que les han entregado (la propia vida, Dios, Alá, Buda, la energía cósmica, el mago Merlín, el hada Azul, quienes prefieran, el significado no cambia) y esto, con el tiempo, mejora notablemente las cosas.

Podéis tener el mismo cuidado, las mismas atenciones, el mismo amor, aunque no os identifiquéis demasiado.

Y ahora, después de estas consideraciones de tipo general, vamos a ver juntos las situaciones más comunes en las que podéis encontraros y cómo desactivarlas sin perder el sueño.

1. Nuestro hijo llora: ¿qué podemos hacer?

La situación más probable. Las rabietas, con frecuencia, se ven acompañadas por el llanto. Muchas veces, en realidad, el niño llora solo por una necesidad suya natural y esto se confunde con una rabieta. Ya que ha salido el tema, queremos abrir un paréntesis y proponeros que os hagáis la siguiente reflexión:

> ¿Por qué no pueden llorar los niños? ¿Por qué los adultos están dispuestos a hacer lo que sea con tal de conseguir que se callen?

Y, sin embargo, todos sabemos qué liberador puede ser el llanto, todos hemos experimentado la sensación de alivio que se siente después de haber llorado a gusto. Y, sin embargo, tenemos metido en la cabeza que los niños no pueden llorar, que tienen que guardárselo todo, que tienen que sentirse eternamente felices.

Por convención, por cultura, por creencia estamos convencidos de que llorar es sinónimo de dolor.

No es así. La fuente del dolor es lo que ha causado el llanto, no el llanto en sí mismo. Cuando un niño o un adulto se echan a llorar la secuencia de lo que ha ocurrido es la siguiente (intentad poneros en situación):

— Algo les ha herido y les ha producido dolor.
— A causa del disgusto, sienten ganas de llorar (en el mejor de los casos).
— Empiezan a llorar y se desahogan (si se lo concedemos... los niños se lo conceden siempre).
— Gracias al llanto se liberan de una emoción que, de otra forma, se estancaría en su interior y seguiría produciéndoles dolor (para vuestro hijo es lo mismo).

El llanto es siempre liberador (a menos que no se trate del de alguien que se hace la víctima para que le compadezcan. No es el caso de los niños: ellos no se hacen nunca las víctimas).

Frente al llanto de un adulto, por lo general, intentamos ser empáticos, comprensivos, consolarle, le preguntamos si podemos ayudarle en algo, intentamos infundirle ánimo o le decimos cuánto lo sentimos.

Frente a un niño, a veces, actuamos de la misma forma. Pero no siempre. En la mayoría de los casos, el llanto de un niño nos paraliza, nos deja bloqueados momentáneamente y, una de las primeras reacciones automáticas es decir: «Chist... ¡No llores!», «Deja de llorar, cariño», «Solo lloran los bebés», «Cálmate ya, venga, y vete a jugar».

¿Por qué pasa esto? Por cuatro motivos principales:

— *No sabemos cómo ayudarlo* y, si deja de llorar pronto, evitamos afrontar nuestra sensación de ineficacia.
— *Si nuestro hijo sufre tendemos a acusarnos*, a sentirnos culpables y ser conscientes de nuestra responsabilidad (lo que no constituye un problema, siempre y cuando aceptemos estas sensa-

ciones y hagamos lo posible por remediar la causa que ha producido ese estado de ánimo. Lástima que, con frecuencia, nos quedemos atrapados en el sentimiento de culpa y en el miedo y no seamos capaces de dar el paso siguiente: poner remedio).

— *El llanto rompe la imagen ideal* que, a veces, nos hemos formado de nuestro hijo y de la relación que tenemos con él: es mejor buscar una solución inmediata e intentar, como sea, sofocar sus lloriqueos.

— *El llanto de nuestros hijos nos recuerda, a veces, nuestros llantos infantiles* y las heridas afectivas que, con frecuencia, nos causaron nuestros padres, tan queridos por otro lado: es mejor sepultar todo eso haciendo lo posible para que se calle.

Queremos que os quede claro que vuestro hijo llora para liberar una emoción. El llanto no es algo malo o dañino, es un proceso natural que se activa para liberarnos de una carga emocional excesiva, para ayudarnos a gestionar una emoción, del tipo que sea.

Los adultos lloramos menos que los niños porque, al crecer, hemos desarrollado la capacidad de gestionar nuestras emociones (es algo que ocurre con la edad, de forma natural, siempre y cuando en las etapas anteriores no hayamos padecido carencias; no es una cuestión de «aprender» o de «acostumbrarse» a no llorar»). Pero vuestro hijo no. Vamos a ver cómo podéis contribuir a ese proceso natural que, tarde o temprano, empezará a activarse en él.

Acogedlo

Evitad quitarle importancia a su llanto y alejaros de él. Con calma, sin identificaros (por ejemplo, gritando: «¡Dios mío!, ¿qué le pasa a mi niño?», echándote a llorar con él, diciéndole con expresión aterrorizada que no sabes qué hacer, etc.), acercaos a él y poneos en cuclillas, a su altura, para mirarlo a los ojos, sed empáticos. Podéis decirle: «¿Qué ha pasado, cariño? ¿Qué te ha hecho llorar?» (si es un bebé deberíais saberlo vosotros por la situación; si es mayor, os lo puede comunicar con gestos o palabras, aunque vuestro instinto siga funcionando). Si, en cambio, sabéis perfectamente la causa que ha originado su llanto (habéis discutido, se ha caído, se ha hecho daño, se le ha roto un juguete, no quiere hacer algo que vosotros le habéis dicho que haga, etc.), podéis decirle: «Ya lo sé, cariño, te has hecho daño...», «Ya sé que te da mucha pena que se haya roto...». Es fundamental que en esos momentos él no se sienta culpable, falto de ayuda y de protección.

Mimadlo

Añadid una buena ración de mimos y de sonrisas. Podéis cogerlo en brazos o tomarle solo de la mano, acariciarle la espalda, sin dejar de buscar su mirada. Las caricias le hacen sentirse comprendido, acogido y apoyado y le dan la seguridad de que no estáis enfadados. Las sonrisas le permiten entender que controláis la situación, que vosotros no estáis asustados o decepcionados como él y que, por lo tanto, sois capaces de resolver el problema.

Comprendedlo

Aunque os parezca que su llanto sea «exagerado» o que esté «fuera de lugar» (en el fondo, solo era un juguete, has hecho bien en regañarle, su hermano solo le ha dado un empujón, solo ha sido un rasguño en la rodilla, etc.), si vuestro hijo se ha echado a llorar es porque para él la cuestión era importante y vosotros debéis tener eso en cuenta. Lo que os aconsejamos (hemos comprobado que funciona miles de veces, con gran éxito para nosotros y para los niños) es empezar el discurso diciéndole que tiene razón, que lo entendéis, que puede llorar todo lo que quiera, «echar fuera» todo lo tiene dentro, y que vosotros estáis allí para ayudarlo. Concededle a lo ocurrido la misma importancia que le está dando él, así se siente apoyado, se tranquiliza y puede permitirse desahogar la emoción dando rienda suelta al proceso natural que se ha activado en él. Así además aprende a gestionar un momento difícil y, cuando sea mayor, lo hará él solo sin necesidad de que vosotros intervengáis, gracias al ejemplo que le estáis dando.

Preguntadle por qué llora

Salvo que sea un bebé, en cuyo caso sois vosotros quienes tenéis que descubrir el motivo, preguntadle por qué llora. Sin emplear un tono recriminatorio, podéis preguntarle cómo se siente y qué le ha pasado: así conseguiréis averiguar cómo ayudarlo y lo acostumbraréis a expresar sus sentimientos y la causa de su disgusto (muchos adultos y, en consecuencia, también sus hijos, tienen graves problemas para verbalizar lo que les pasa y para localizar el origen de sus problemas).

Ayudadle si no sabe cómo expresarlo verbalmente

Si vuestro hijo no está todavía acostumbrado a expresar sus emociones podéis ayudarlo vosotros, sugiriéndole cuál es su estado de ánimo, basándoos en lo que observáis: «¡Vaya, estás realmente enfadado!», «¡Qué miedo!» (pero vosotros, como adultos, no tengáis miedo...), «Cariño, qué rabia...», etcétera.

2. ¿Cómo solucionar las peleas entre hermanos sin que nos suba la tensión?

«¡Todos los días igual! ¡No hay forma de tener un segundo de tranquilidad! En cuanto los dejo solos un segundo empiezan a pelearse, a reñir, a gritar y a pegarse... ¡Lo raro es el día en que no se pelean! En cuanto me separo de ellos, se ponen a la greña!».

¿Cómo podéis solucionar sus conflictos o evitar que se produzcan? ¿Es tarea imposible? No: con un poco de paciencia y de elasticidad podéis conseguirlo. Basta con entender sus mecanismos. Os lo decimos por experiencia, después de años de estrecho contacto las veinticuatro horas del día con cinco o seis niños, como mínimo, de edades diferentes pero con las necesidades típicas de los primeros siete años y, por lo tanto, en lucha continua entre ellos (al menos al principio...). Cuando dos niños se pelean y uno es vuestro hijo y el otro no, puede pareceros sencillo porque, de hecho, ocurren dos cosas (una u otra):

- Os ponéis de parte de vuestro hijo, lo acogéis, dejáis que del otro niño se ocupe el adulto del que está a cargo, y asunto concluido («Que cada uno se ocupe de lo suyo...»).
- Regañáis a vuestro hijo y, por educación, os ponéis de parte del otro niño, interpretando el papel de padre o madre altruista (es lo que ocurre en la mayoría de los casos, aunque sea la peor solución): vuestro hijo se queda mortificado, vosotros quedáis de maravilla con la madre o el padre del otro niño y la cosa acaba ahí.

Pero cuando los dos son hijos vuestros, ¿qué hacéis?, ¿a quién le dais la razón?, ¿sería mejor no poneros de parte de ninguno de los dos?, ¿cómo garantizar a los dos que tienen los mismos derechos, la misma comprensión, el mismo apoyo y, por añadidura, en el mismo instante? ¿Cómo quitar un juguete a uno para dárselo al otro? ¡Es una injusticia! ¡Los dos son hijos vuestros!

Las peleas entre hermanos son un clásico en casi todas las familias, son acontecimientos cotidianos que roban mucho tiempo, tanto a los hijos como a los padres, consumen energía inútilmente y ponen a todos de malhumor. ¿Cómo conseguir resolver los conflictos de forma rápida y lograr que, al mismo tiempo, no se creen otros nuevos?

Lo primero que queremos grabaros a fuego en la cabeza son tres puntos fundamentales:

- *Es natural que dos hermanos se peleen entre ellos si no tienen alrededor las condiciones adecuadas* para sentirse siempre queridos, aceptados, «perfectos» individualmente en sí mismos y no estar sometidos a continuas comparaciones.
- *No es una cuestión vital tener que querer a la fuerza a tu hermano o llevarte bien con él.* Es una carga, una responsabilidad demasiado grande para el niño cuando está en la fase egocéntrica (y también para el que tiene más de siete años pero vive aún importantes carencias afectivas que le han impedido superar esa fase).
- *Cuanto más se trate a los niños como si fueran hijos únicos, individuos por sí mismos, más capaces serán de convivir y de colaborar con los hermanos.* Esto no significa que no haya que tener un segundo, un tercer o un cuarto hijo. Quiere decir que hay que saber con qué os vais a encontrar y actuar en consecuencia, prestándole a cada uno las debidas atenciones. ¿Es más difícil? Sin duda, pero no es imposible. Lo importante es afrontarlo desde el principio, evitando esconder la cabeza como las avestruces cuando nos demos cuenta de que no sabemos cómo manejarnos con varios niños a la vez y acabar delegando en ellos la responsabilidad («Son insoportables», «No me hacen caso», «Los niños de hoy ya no son como los de antes», «No sé a quién habrá salido», etc.).

Además de estos tres puntos, que os aconsejamos que no olvidéis nunca y que confiamos en que os proporcionen un buen motivo de reflexión, vamos a ver cómo podéis actuar, en concreto, cuando la batalla campal ya se ha iniciado en vuestra ausencia.

¿Qué suele ocurrir en estos casos?

Empezáis a oír protestas, gritos, el ruido de una bofetada, de juguetes arrojados al suelo: «¡Ay!», «¡Ya vale!», «¡A mamá vas a ir!», etc. Vosotros levantáis la vista hacia el cielo, con resignación, dejáis lo que estéis haciendo y acudís al lugar de la casa en el que ellos se encuentran, ponéis los brazos en jarra, los miráis enfadados y luego preguntáis qué ha pasado y que quién ha empezado...

Os da su propia versión cada uno, vosotros decís: «Pobrecito» al que le han pegado y regañáis al que ha empezado la pelea, le decís que eso no se hace, puede que hasta lo castiguéis o le deis un cachete, presa de los nervios les quitáis el juguete a los dos y los separáis. ¿Hasta cuándo? A saber... A veces la paz dura toda la tarde, hasta la hora de acostarse; otras, en cambio, vuelven a las andadas en cuanto os ponéis otra vez con lo que estabais haciendo. Vuelta a empezar.

Vosotros quizá no, pero seguro que más de un lector o lectora se estará reconociendo en esta secuencia.

¿Qué hacer, entonces? El primer consejo puede que os haga dar un respingo o produciros una subida de tensión. Puede, incluso, que sintáis el impulso de levantaros de un brinco y empezar a insultarnos, a decirnos que estamos locos y que no somos conscientes del absurdo que estamos diciendo... Pero nosotros somos temerarios hasta decir basta (para cuestionar los modelos educativos actuales es imprescindible ser algo temerario...). Solo os pedimos que esperéis un segundo, que no juzguéis inmediatamente lo que estamos a punto de deciros y que lo evaluéis objetivamente, aunque os parezca contraproducente.

Lo primero, cuando dos hermanos se pelean entre ellos, evitad pensar que vuestra intervención puede resultar superflua, sobre todo cuando la situación está degenerando y la carga emocional se está volviendo excesiva para ellos (uno de ellos ya está llorando, el otro lo está tirando todo al suelo; uno grita, otro pide la ayuda de un adulto, etc.).

Esto es, en cambio, lo que tenéis que hacer:

Cuatro pasos para resolver los conflictos entre hermanos (y uno más para prevenirlos)

1. *Mostraos disponibles*

Intervenid, poneos a su disposición, tomad las riendas de la situación. Si ellos fueran realmente capaces de gestionar solos su territorio, sus cosas, su emotividad y la relación con sus hermanos, no habrían llegado a ese punto. Si han llegado a él es porque aún no han alcanzado el nivel de madurez necesario (si ya han salido de la etapa egocéntrica pero la situación se repite, es probable que en el pasado no hayan tenido la posibilidad de ver a un adulto resolver de forma equilibrada sus conflictos y de aprender a hacerlo imitándolo).

2. *Encontrad vosotros la solución*

Al tomar las riendas de la situación es importante que seáis vosotros quienes les ofrezcáis la solución, que os mostréis decididos, no enfadados, equilibrados, seguros de lo que estáis haciendo. Intervenid sin lesionar la emotividad de ninguno, y vuestros hijos se sentirán reconfortados. Por lo general, en estos casos es conveniente comprender las razones de ambos (lo veremos dentro de poco) y luego encontrar un juego que pueda entretenerlos por separado (hasta que las aguas vuelvan a su cauce) o bien dejarse ayudar por los dos para restaurar el campo de batalla y encontrar algo que podáis hacer todos juntos (la presencia de un adulto que medie entre ellos y sus necesidades, que gestione los tiempos y las modalidades del juego es el primer medio para evitar que se creen luchas de poder entre hermanos).

3. *Comprended las razones de ambos*

Este es el consejo más importante (y el más a contracorriente). Cuando acudís al campo de batalla es natural que queráis socorrer al que «se las ha llevado todas» y está llorando desconsoladamente, al que ha presenciado cómo el «enemigo» destrozaba su juguete preferido o al que tiene un mechón de pelo menos. Es normal que os agachéis y apoyéis vuestra mano sobre el hombro del niño «herido», que lo estrechéis contra vuestro pecho, le deis un pañuelo e intentéis consolarlo. Es algo que hacéis de forma espontánea y es bueno que lo hagáis. Pero hay otra cosa que solemos olvidar. ¿Qué pasa con el otro contrincante? ¿Qué está sintiendo? ¿Qué le ha ocurrido para sentirse empujado a romper el juguete a su hermano? Por lo general, cegados por el sentido de la justicia, premiamos a la víctima y regañamos o castigamos al agresor. Pero ¿estamos seguros de que eso produce algún resultado? Y, sobre todo, ¿estamos seguros de que hemos sido justos de verdad?

Vamos a intentar dar un paso hacia atrás. ¿Os acordáis de lo que os decíamos sobre la motivación profunda, de la importancia que hemos dado a ese «detalle»? Pues bien, en el caso de las peleas entre hermanos el asunto es el mismo. Si el hijo «malo» (que, ante tu mirada imparcial, es quien ha pegado al otro, le ha roto el juguete, le ha hecho daño, le ha insultado) no tuviese un motivo válido y profundo para actuar como lo ha hecho, ¿creéis que se habría ensañado de esa forma con un igual?

Podemos garantizaros que la respuesta es: no. El niño es un animal pacífico que reacciona solo si se ve provocado o si no consigue dominar las emociones que lo están ahogando. Si un niño pega a otro, le saca la lengua o arremete contra él lo hace para defenderse, para liberar una fuerte emoción (igual que os ocurre a vosotros cuando lo castigáis o le levantáis la voz, aunque a vuestra edad deberíais haber aprendido a ser más neutrales) porque se ha sentido ofendido o ha sentido que abusaban de él, porque ha visto amenazado su territorio, porque ha tenido miedo, etcétera.

En definitiva, si de verdad queréis resolver de la mejor forma posible el conflicto que se ha activado entre vuestros hijos es necesario que deis un paso más.

Muchos lo evitan porque lo ven como una concesión, una rendición o un paso atrás. Pero os aseguramos que no es así (en breve descubriréis por qué).

4. Acoged con amor las razones del que ha empezado la pelea (él es el más herido)

Como ya os hemos dicho, podéis consolar a la víctima, pero consideraos igualmente obligados a apoyar al que ha empezado la pelea (es decir, al que, en teoría, deberíais regañar o castigar). Acercaos a él, miradle a los ojos y, con tono cariñoso, decidle, por ejemplo: «¿Qué es lo que ha pasado, cariño? Ha tenido que ser algo muy gordo si te has puesto así, ¡si hasta le has dado un bofetón a tu hermano!», «Dime, ¿qué ha pasado? Te entiendo, seguro que no has podido evitarlo... No te preocupes, aquí estoy yo para ayudarte, vamos a arreglarlo juntos».

Es inútil perder el tiempo con filípicas. Los niños ya saben que determinadas cosas «no se hacen», saben de sobra que no se debe pegar a los demás, que no hay que decir palabrotas, que no hay que romper aposta los juguetes. El problema es que no se sienten respetados, se sienten heridos y pierden el control de la situación. Les pasa lo mismo que os pasa a vosotros cuando perdéis la paciencia, empezáis a gritar, los castigáis, los chantajeáis, os enfadáis, etc. ¿Qué hacéis en esos casos? ¿Os castigáis a vosotros mismos? ¿Le pedís a alguien que os dé un tortazo? ¿Os decís a vosotros mismos que habéis sido unos niños o unos papás malos y que lo que habéis hecho está mal? No, gracias, ¡ya sabéis de sobra que así no hay que portarse! Se os ha escapado un grito, punto, en ese momento no habéis podido evitarlo. Eso es exactamente lo mismo que le ha pasado a vuestro hijo. Para él también deberían regir las mismas normas que os aplicáis a vosotros mismos.

Hay otra cosa que no debéis olvidar jamás. *Vuestros hijos no dejan nunca de ser hijos únicos.* No pretendáis, a la fuerza, que jueguen juntos, no deis por descontado que se van a llevar bien, que se van a ayudar el uno al otro. Tampoco deis por hecho que la llegada de un hermanito hace que el otro no se sienta solo. Todo lo contrario. Puede que tengáis hermanos o hermanas y que recordéis que no siempre os habéis llevado bien. ¿Cuántas veces los habéis considerado un cuerpo extraño, una prolongación de vuestros padres, unos intrusos o un elemento que sobraba? (Aunque ahora, ya de adultos, mantengáis una relación excelente.)

5. *Reservad momentos para cada uno (este es el paso más importante)*
Esta es otra clave fundamental, la mejor forma para prevenir e ir eliminando las peleas entre hermanos. Es importante que cada uno de ellos tenga *momentos en exclusiva*, en los que esté él solo con mamá, con papá o con otro adulto (los abuelos, la cuidadora, una vecina, etc.). Ejemplos prácticos: mientras uno está con la madre en la cocina, el otro puede estar con el padre jugando o duchándose; mientras uno se queda en casa con la madre, el otro puede ir a ver a la abuela (luego se cambiarán los turnos); mientras uno va a natación, el otro puede ir al parque; mientras uno está durmiendo, el otro puede jugar con su padre; etc. Cuantos más momentos vivan en exclusiva, cuanto más sientan satisfecha su *etapa egocéntrica* (llenando su cupo emocional de atenciones y cariños que no debe repartir con su hermano o con su hermana), más capaces serán de convivir con sus hermanos (es más, a la larga será frecuente que creen espontáneamente situaciones en las que jueguen alegremente juntos o que encuentren juntos una solución a sus pequeños conflictos).

En vista de que estamos hablando de peleas entre hermanos, vamos a aprovechar para abrir un paréntesis sobre las situaciones en las que vuestro hijo no quiere prestar los juguetes a un amiguito o dice que todo es suyo. Hay algo sobre lo que tenéis que estar totalmente seguros: vuestro hijo no es un egoísta. Es natural que viva su etapa de egocentrismo y que exprese lo que siente. También en este caso os aconsejamos que lo comprendáis: confortadlo, decidle que el juguete es suyo, que tiene razón en enfadarse si se lo han quitado. Por lo general, esto basta para calmarlo. Si el «otro contendiente» tiene un adulto de referencia, delegad en él la cuestión de su hijo y limitaos a devolver el juguete a su legítimo propietario. Cuando se trate de objetos en común, por ejemplo el tobogán o los juguetes de la guardería (que son de todos) os aconsejamos que mediéis con paciencia y dulzura pero, sobre todo, que concedáis un espacio prioritario al sentimiento de vuestro hijo, que lo acojáis diciéndole: «Sí, tienes razón en quererlo todo para ti...».

3. ¿Por qué se niega a apagar la tele a su hora?

Si sois seres humanos como todos los demás, es probable que hayáis empezado a sentir sudores fríos nada más leer esta pregunta, que estéis ya segregando más saliva de lo normal y que vuestras manos se hayan crispado alrededor del libro que tenéis entre las manos. También vosotros, como el resto de los seres humanos, ya no sabéis qué hacer para que vuestros hijos apaguen de una vez ese artilugio infernal... ¿Por qué vosotros conseguís controlaros, dominar el deseo de pasaros horas y horas con la vista pegada a la pantalla, reunir las fuerzas necesarias para coger el mando a distancia y apagar la tele y, en cambio, vuestro hijo es incapaz? ¡No es tan difícil! ¿Por qué tenéis que recurrir a los gritos, las amenazas, los chantajes, los castigos, cada vez que hay que hacerlo?

¡Tenéis razón! Para vosotros es un martirio mantener a diario esa pelea con un enano que parece no escucharos siquiera, como si os tomara el pelo, que os mira con expresión de suficiencia u os desafía abiertamente y os hace perder los nervios... Y si os plantáis delante de la tele con los ojos fuera de sus órbitas y aire amenazador, ¿él qué hace? Se aparta unos centímetros y os dice: «No veo...». Llegados a ese punto, sentís que os ciegan la rabia y la frustración, querríais arrojar a vuestro hijo por la ventana, junto con el televisor, y, presas de la desesperación, no se os ocurre otra solución. En ese momento no conseguís pensar, preguntaros si lo que estáis haciendo es lo correcto o lo más eficaz.

Os resulta imposible pensar que su «no» y su indiferencia dependen de vosotros.

La próxima vez, en cuanto se os haya pasado el enfado, retomad este libro y reflexionad sobre los consejos que estáis a punto de leer. Intentad ponerlos en práctica y empezad a disfrutar vosotros también de sus beneficios (dejando de gritar y de enfangaros en tiras y aflojas exasperantes, como ya ha ocurrido a muchos padres que, antes que vosotros, han dado con la solución).

> Preguntaos por qué le gusta tanto ver la tele
> y por qué no la quiere apagar.

También en este caso, como primerísimo paso, es esencial que localicéis la motivación profunda. Os proponemos algún ejemplo concreto, que hemos visto manifestarse en muchas situaciones. Igual que cuando tiene que acabarse lo que tiene en el plato o ponerse una camiseta en vez de otra, la televisión también se convierte en una forma de desencadenar el conflicto, de descargar las tensiones generadas por un *desacuerdo precedente* que no tiene nada que ver con la televisión en sí.

Puede que cuando insiste en negarse a apagarla lo único que quiera es, simplemente, llamar vuestra atención, crear un conflicto para estar con vosotros, que os esté provocando para daros a entender que se siente traicionado u ofendido por algo que habéis hecho. A veces, como tenemos poco tiempo para estar con ellos, pretendemos que se vuelvan independientes y autónomos demasiado pronto, queremos que aprendan a entretenerse ellos solos... En esos casos la televisión se convierte en un excelente sustituto de papá y mamá: un sustituto especialmente atractivo, con colores, que se mueve, habla, con frecuencia «hipnotiza», calma o excita y consigue hacerse rapidísimamente un hueco en medio del aburrimiento y la atonía en la que vive el niño si no tiene la posibilidad de interactuar de forma lúdica, espontánea y divertida con los adultos.

Es uno de los grandes males de hoy en día: los adultos nunca han jugado o han dejado de hacerlo... ¡y los niños también!

A causa de los ejemplos que reciben, de las costumbres familiares, de la educación que reciben y de la relación que establecen con los adultos y con el ambiente que los rodea, los niños ya no saben jugar, ni solos ni en compañía de otros niños. Su imaginación y su espíritu de aventura están prácticamente atrofiados. Cuando estos dos aspectos están despiertos y funcionan correctamente, con frecuencia se les etiqueta como hiperactivos, traviesos, impertinentes, nerviosos, intratables, etc. En esos casos funcionan como una olla a presión: al principio explotan y tienen excesos de «hiperactividad»; luego, cuando el vapor se ha acabado, se adecuan a ese lento proceso de apagamiento inexorable que observan en los adultos, cayendo en la apatía y la depresión para volverse, en la adolescencia, unos individuos incomprendidos, abatidos, tristes, en crisis, necesitados de estímulos que les hagan sentirse vivos (alcohol, tabaco, drogas, carreras de coches, música atronadora o videojuegos alienantes).

Si la relación con los adultos se reduce a una mísera serie de: «Siéntate», «Levántate», «Haz esto», «Haz lo otro», «Come», «Deja ya de comer», «Ya es tarde, vete a la cama» (siempre es tarde para quien no sabe vivir el presente), «Ahora no, luego», «Deja de dar la lata», «¿Has preparado la mochila?», «¿Has terminado ya los deberes?», «¿Has ordenado tu cuarto?», «¿Le has dado las gracias a la abuela?», «Saluda», «Se dice: por favor», etc., repetidos como si fuerais un disco rayado, un robot sin alma, es natural que la relación con esa caja de colorines llamada televisión se convierta en algo apasionante. «Si mi relación con los adultos está constituida exclusivamente por obligaciones, prefiero zambullirme en las sensaciones y en las aventuras que me regalan los dibujos animados, las películas, los anuncios...». A veces, a vuestro hijo le cuesta alejarse de ese aparato porque las alternativas de que dispone son mucho peores.

Con frecuencia, el niño intenta satisfacer con la televisión una necesidad afectiva que el adulto, por falta de tiempo y de atenciones, no consigue o no sabe cómo colmar.

No hay que excluir que la razón pueda ser esta: que papá y mamá no piensan, simplemente por distracción, en situar a su hijo en el primer lugar de sus prioridades y en organizar mejor el tiempo libre del que disponen (en los casos que hemos visto, nueve de cada diez veces no se trata de falta de tiempo libre, sino de ineficacia a la hora de gestionarlo). Comprender la motivación, desde nuestro punto de vista, es fundamental, pero sabemos que al principio puede no ser tan sencillo. Tanto si vosotros la veis mucho como si la veis poco, esforzaos en seguir los puntos que estáis a punto de leer.

Cómo actuar sobre la causa y poner fin a la lucha por apagar la tele

Ateniéndonos a nuestra experiencia y a la de muchos padres, los cuatro pasos fundamentales son:

1. Anticiparse a su necesidad y transmitirle una sensación de abundancia.
2. Hacer lo posible para colmar su vacío afectivo.
3. Crear más momentos lúdicos y situaciones que podáis compartir.
4. Tener paciencia y no desistir.

1. Anticiparse a su necesidad y transmitirle una sensación de abundancia

Anticiparse a la necesidad garantiza excelentes resultados. No solo para la situación que tenéis que resolver, sino también (y sobre todo) de cara a la afectividad del niño. También en el caso de la televisión, hasta que no consigáis localizar y resolver de raíz la motivación profunda (con frecuencia se necesita tiempo para hacerlo) es totalmente inútil que le prohibáis a vuestro hijo que vea la tele. Es más: anticipaos a la necesidad puede convertirse para vosotros en un excelente aliado.

Por ejemplo, cuando vuelve del colegio, antes de que se ponga a hacer los deberes, podríais ser vosotros quienes le digáis (siempre ateniéndonos a las normas y usos del sentido común): «Ve un poco la tele si quieres, así te relajas, y luego te pones con los deberes». O bien: «Vamos a cenar dentro de poco, mira antes un poco la tele»; o: «Cariño, dentro de nada ponen tus dibujos preferidos, voy a encenderte la tele». Si pensáis que vuestro mensaje puede ser contradictorio (no queréis que vea mucho la tele porque pensáis que no es bueno y al mismo tiempo se lo proponéis) os equivocáis. Sería distinto si en vuestra casa no hubiera tele, o si papá y mamá no la viesen. Pero si a vosotros también os gusta relajaros de vez en cuando delante de una buena película, si la encendéis porque os hace compañía y a veces os gustaría no tener que iros a planchar para seguir viendo vuestro programa preferido, es evidente que emitís un mensaje contradictorio si le prohibís que la vea. Podéis recurrir a anticiparos a la necesidad también, y sobre todo, cuando llega la hora de apagarla.

Por ejemplo:

Vuestro hijo está viendo la tele desde hace media hora, dentro de diez minutos va a estar lista la cena y vosotros queréis que la apague ya. ¿Qué hacer?

Cuando lleve veinte minutos viéndola acercaos a él y decidle, por ejemplo: «¿Todo bien? ¡Qué espada más grande tiene ese guerrero! ¡Qué bonito es el vestido de esa princesa!». Sonreídle, hacedle una caricia y decidle que puede verla todavía otro rato. A los diez minutos, volved, comentad con él los dibujos que esté viendo y decidle: «La cena va a estar lista dentro de poco, sigue viéndola hasta que vuelva. Entonces la apagamos». Cuando volváis, con tono firme pero acogedor, sonriendo, decidle que la cena para el guerrero o para la princesita está lista, que los espaguetis están esperando y que hay que apagar. Posibles consecuencias:

a) *¡Apaga la tele! ¡Viva!* Vuestro hijo apaga la tele y se va con vosotros (para que esto ocurra vosotros tenéis que ser los primeros en creer que eso puede ser posible, si no tenéis prisa ni intereses particulares, si estáis colmando de otra forma su vacío afectivo). Perfecto.
b) *Quiere terminar de ver los dibujos...* Vuestro hijo os pide que le dejéis seguir viéndola hasta que se acaben los dibujos. ¿Qué hay de malo? Los dibujos animados duran unos veinte minutos: si quedan cinco para que acabe el capítulo, ¿qué más da? En este caso podéis darle permiso sin demasiadas reticencias (o sin miedo a mimarlo).
c) *¡No quiere apagar la tele!* Vuestro hijo os dice que no tiene la más mínima intención de apagar la tele. Llegados a este punto, podéis pensar en la forma en la que se lo habéis propuesto. A veces, se trata solo de sonreír un poco más, de ser más dulce, de no activar una conducta manipuladora (si comprende que vuestro objetivo no es su bien sino que apague la tele, es natural que os desafíe. Si, en cambio, siente que sois sinceros y que os gusta que vea sus dibujos preferidos será mucho más colaborador). Si se lo habéis dicho con «voz de manual» es probable que no hayáis sido lo bastante convincentes. A veces, para superar el atractivo de la tele tenemos que recurrir a dosis extra de inventiva porque un niño, en general, solo abandona una cosa que le gusta por otra que le apetezca tanto o más que la primera (está hambriento y de la cocina le llega un olorcillo delicioso, o bien se siente arrastrado hacia una actividad divertida, por ejemplo, gastarle una broma a su padre mientras sale del baño, doblar las servilletas de una forma graciosa, convertirse en cocinero por un día, etc.).

d) *Se opone a vuestra sacrosanta autoridad de educadores/padres... ¡Aaaah!* Si ya lo habéis intentado todo y vuestro hijo sigue negándose a apagar la tele (al principio puede pasar) podéis responderle: «¡Vaya, cariño, ya sé que no quieres apagarla! Te entiendo, ya sé que te gustan mucho los dibujos, pero no hay más remedio que apagar la tele» (sonreíd y no os irritéis). Luego, con firmeza, totalmente convencidos de lo que estáis haciendo, cogéis el mando a distancia y la apagáis. Si vuestro hijo empieza a llorar y a gritar, repetidle (con la máxima empatía, intentando, sinceramente, poneros en su lugar): «Ya sé que estás furioso, ¡te entiendo! Yo estoy aquí, si quieres te cojo un rato en brazos. Me duele verte así de enfadado... ¿No quieres cenar? ¡Tienes razón, te entiendo!». Si vuestro hijo se siente entendido hasta el fondo, capitulará y se encaminará con vosotros hacia la cocina.

2. Hacer lo posible para colmar su vacío afectivo

El resultado que acabáis de obtener, sin embargo, durará muy poco si no os aplicáis a colmar progresivamente y con constancia el vacío que vuestro hijo compensa con la tele. Si no lo hacéis así, él sentirá siempre la necesidad de entretenerse con algo interesante. Esforzaos por optimizar la cantidad y la calidad del tiempo que pasáis con él, poned en práctica los consejos que os hemos dado para conseguir ser más receptivos pero también más firmes cuando sea preciso, sin lesionar sus expectativas y sin herirlo. *Evitad castigarlo, chantajearlo, manipularlo, someterlo a comparaciones.*

Felicitadlo y queredle siempre incluso cuando, según vosotros, se esté equivocando. Si ya está en edad escolar, haced todo lo posible para que las notas no tengan importancia alguna, ni para él ni para vosotros, ayudadle, transmitidle siempre un sentimiento de abundancia (sobre todo con respecto a vuestra presencia y a vuestro amor). Cogedlo en brazos, mimadlo, besuqueadlo, pasároslo bien con él (quizá vosotros también tengáis que empezar a aprender a divertiros desde cero, a no tomaros la vida demasiado en serio), contenedlo dentro de unos límites y manteneos firmes, sed rigurosos y coherentes con vuestros principios (porque cuando se requiere seriedad no se puede bromear). A propósito de esto, queremos acabar con una reflexión: a ningún padre le gusta que su hijo diga tacos o haga el payaso, pero ¿a cuántos adultos les hace gracia ver lo bien que imita los tics idiotas de ciertos personajes televisivos o los patéticos modales de matón de barrio de algunos futbolistas cuando gana en un juego o marca un gol?

3. Crear más momentos lúdicos y situaciones que podáis compartir
Solo si le proponéis alternativas eficaces y resolvéis de raíz el vacío afectivo será posible que se reduzca con naturalidad y espontaneidad su dependencia de la tele. Es fundamental aumentar los *momentos de calidad* que pasáis con él jugando, divirtiéndoos, haciendo los deberes, cocinando, hasta haciendo las tareas de la casa. Él está deseando estar con vosotros, pasar juntos ratos tranquilos con plena libertad para reírse, bromear, aprender, colaborar.

Pero vosotros tenéis que dar el primer paso y reducir el número de veces en que decís: «Ahora no tengo tiempo», «Luego...», «Espera...», «¿No ves que estoy ocupado/a?», o aquellas en las que os limitáis a darle órdenes o soltarle una charleta moral. Entre otras cosas, puede ser una excelente oportunidad también para nosotros los adultos, para que recuperemos un poco de sana ligereza y aprendamos a hacer las cosas relajados y divirtiéndonos (incluidas las tareas domésticas).

4. Tener paciencia y no desistir
Esta es la verdadera arma secreta. Siempre que los consejos que acabáis de leer no hayan funcionado ha sido porque el que los ha puesto en práctica lo ha hecho apresuradamente y ha concluido enseguida: «¡No funciona!». Se necesita *mucha paciencia y mucha perseverancia.*

Aunque tengáis la sensación de que el resultado tarda en llegar más de lo previsto, no desistáis, mantened una actitud dócil y confiada. Aunque os parezca que la situación está condenada a empeorar o que no vais a conseguir mantener la calma, insistid: es solo cuestión de tiempo y, cuanta menos resistencia opongáis, antes llegarán los resultados. Cuanto más dispuestos estéis a modificar vuestra actitud y más creáis en los recursos de vuestro hijo, más rápido descubriréis las verdaderas alegrías de ser padres.

4. ¿Por qué no recoge sus cosas?

Todos los días la misma historia: cochecitos debajo del sofá; en la ducha, una muñeca empapada de agua; la cama llena de calcetines y camisetas usadas; los lápices de colores mezclados con dibujos viejos; un boli roto «cuidadosamente» guardado en un cajón... ¡No podéis más! ¿Cuándo va a aprender a ser un poco más ordenado con sus cosas?

En realidad, a los niños les encanta vivir en un ambiente limpio y ordenado. Como ya hemos dicho, el orden exterior es sinónimo de orden interior, con todas las ventajas que ello comporta.

El problema es que, por el camino, puede ocurrir algo que les desvía de su tendencia natural.

Las principales razones pueden ser estas tres:

— *El ejemplo que reciben*: ha llegado el momento de entonar el *mea culpa* y de hacer examen de conciencia. Con frecuencia, los niños desordenados tienen (al menos) un progenitor desordenado y lo imitan, o (al menos) un progenitor especialmente rígido (a veces fóbico) contra el que, inconscientemente, se rebelan. En este caso, lo primero que hay que hacer es instaurar el orden en la familia, tanto en lo que se refiere a los objetos como a los pensamientos y la organización en general. No hay que olvidar que la imitación es la primera fuente de aprendizaje de vuestro hijo, tanto para lo malo como para lo bueno. Si vive una situación armoniosa y ordenada no tiene motivos para reproducir lo contrario.

— *Oposición*: si vuestro hijo, por algún motivo, está enfadado con vosotros y para vosotros el orden es muy importante, es probable que utilice el desorden como un instrumento para llamar vuestra atención sobre su malestar emocional. En este caso es útil, como siempre, ir al origen del problema y resolver ese problema.
— *Energía reprimida*: los niños con una gran carga de energía sin expresar pueden volverse nerviosos, agresivos, confusos y distraídos. Este aspecto tiende a reflejarse también en su sentido del orden (juegos, cuarto, ropa, cuadernos y material escolar, etc.). En este caso es útil organizar con especial atención sus actividades diarias y semanales, estimulándolos, por un lado, para que se desahoguen (corriendo, jugando al aire libre, no sintiéndose demasiado limitados a la hora de hacer cosas o de experimentar), por otro, gestionando mejor los ritmos de su vida cotidiana, incluyendo también momentos de tranquilidad y descanso (muchos niños de hoy en día ya no saben disfrutar del silencio, de la espera, de la calma, de la serenidad de ánimo).

Cinco indicaciones para ayudar a vuestro hijo a que sea más ordenado

Además de las reglas generales, os ofrecemos algunos consejos prácticos (si el orden es un problema para vosotros).

1. Dadle ejemplo
Que vuestro hijo os observe mientras ordenáis, quitáis la mesa, arregláis la cocina, el salón, el cuarto. Intentad hacerlo alegremente, sin

quejaros, viendo siempre el lado positivo, organizándoos de manera que no os estreséis con inhumanas carreras contra el tiempo. Solo así podrá hacerse una idea positiva del orden y no caer en la trampa de dejarlo para mañana.

2. *Hacedlo juntos*

Cuanto más pequeño sea vuestro hijo, más difícil es pretender que coloque él solo las cosas en su sitio. Si después de los siete años sigue sin ser autónomo en este sentido, es probable que no lo haya asimilado en los años anteriores y, por lo tanto, es preciso retroceder un paso. Ordenad juntos hasta que notéis que él empieza a tomar la iniciativa. Veréis cómo, con el paso del tiempo, empieza a hacer espontáneamente algunas cosas él solo (por ejemplo, desnudarse y llevar la ropa sucia al cesto de la colada en vez de tirarla al suelo; poner las zapatillas en el zapatero, en vez de dejarlas en la alfombra del salón, etc.). Los tiempos son distintos según cada niño... ¡Vosotros, mientras tanto, no os rindáis!

3. *Enseñádselo jugando (y disfrutad)*

Si os ponéis a ordenar juntos pensando que es algo aburrido, si lo hacéis cumpliendo los dictados de un sentido del deber pesado y asfixiante, ¿cómo es posible que ordenar se convierta en una costumbre placentera para él? Os aconsejamos que os lo planteéis, incluso, como un juego. Por ejemplo, podéis «hacer que» sois unos piratas que estáis poniendo el barco a punto, o hacer como Cenicienta, que limpia la casa para irse luego a bailar, jugar a que sois unas meticulosas hormigas que están reorganizando todo el hormiguero, etc. Los resultados son asombrosos (¡y os lo pasaréis en grande).

4. *Empezad a darle pequeñas responsabilidades (a partir de los siete años)*

Con los consejos que os hemos dado, vuestro hijo debería acostumbrarse espontáneamente a ordenar. De todas formas, una vez superada la fase egocéntrica, cuando empiece a ser más consciente de sí mismo y se active en él la necesidad de ser más autónomo, podéis empezar a delegar en él, poco a poco, algunas pequeñas responsabilidades. Podéis empezar, por ejemplo, encargándole pequeñas tareas del cuidado de vuestra mascota, dejándole que sea él quien saque la basura o quien lleve su plato a la cocina cuando acabe de comer (eso vale también para los adultos), dejándole que se prepare él solo la mochila, etcétera.

5. *Conseguid ganaros su confianza*

Si seguís los consejos que os hemos dado en este libro y, ya en líneas más generales, seguís un modelo educativo más en consonancia con su naturaleza, le resultará más fácil apreciaros como padres. Si vuestro hijo os respeta, si se siente querido y aceptado por vosotros, no os pedirá sino poderos imitar. Y esto vale también para el tema del orden: si sois personas limpias, precisas y ordenadas, él también lo será.

¿Os parece muy elemental? ¿Pensáis que vuestro hijo es un caso límite o, cuando menos, más complejo? Nos hacemos cargo de vuestra perplejidad: con frecuencia, tendemos a desconfiar de las soluciones simples, tanto que no nos tomamos siquiera la molestia de comprobar si pueden ser efectivas. Nos ha pasado también a nosotros, por eso hemos decidido contar un caso que, en principio, era todo menos fácil, para que comprobéis hasta qué punto la naturaleza de los niños responde a leyes muy elementales, tan elementales que, a veces, nos cuesta hasta verlas. El ejemplo que hemos elegido está referido a V., cuya historia ya conoces.

DIARIO DE ROBERTA

¡SEGÚN ÉL, LOS JUGUETES NUNCA ESTÁN FUERA DE SU SITIO!

V. y yo tenemos puntos de vista diferentes con respecto al orden. Para mí ordenar se trata de hacer un esfuerzo razonable con el que se obtiene un resultado satisfactorio. Para él, en cambio, ordenar no tiene sentido alguno: ¿para qué perder el tiempo volviendo a poner en su sitio unos juguetes que vas a volver a sacar al día siguiente? Es algo totalmente inútil, y más si piensas que el tiempo que «pierdes» en ordenar puedes emplearlo en seguir jugando y que los juguetes, en desorden, se acumulan sobre todo sobre la alfombra del salón... Si viene una visita, basta con que pase por encima hasta llegar al sofá; si también hay algún juguete en el sofá, basta con que lo aparte para hacerse sitio... La verdad es que yo tampoco soy una maniática del orden, ordeno justo lo imprescindible para no tropezar, para no dar por perdidas las llaves, para no perder un día entero en recolocarlo todo en su sitio; por eso, cuando empieza a hacerse de noche, me gusta volver a poner todo en sus respectivos cajones. Cuando le pido que recoja, V. me da siempre las mismas respuestas. Por ejemplo: «Luego», «Ahora, no», «Todavía no he terminado de jugar», «No me apetece», «¡Nooo, por favor!», etc. El problema se queda sin resolver: antes o después hay que ordenar y, además, me parece importante convertirlo en una costumbre. ¿Qué hacer, entonces? En la única forma que considero eficaz a corto y a largo plazo: la que respeta también su naturaleza, además de permitirme alcanzar el resultado que deseo.

Armándome de paciencia me he consagrado, día tras día, a una tarea semejante al destete. He empezado poniéndome yo a ordenar: él ha podido observarme varios días y comprobar que, en el fondo, no cuesta tanto, no lleva demasiado tiempo y tampoco es que te amargue el carácter. Llegados a este punto, cuando ha empezado a mostrarse más disponible, le he propuesto que lo hiciéramos juntos, dividiéndonos las tareas. Por ejemplo, yo me llevo del salón los juguetes más grandes mientras él recoge las hojas en las que ha estado dibujando y las coloca debajo de la tele, a 20 centímetros de distancia. Poco a poco, según han ido pasando los días, hemos llegado a una distribución paritaria de las tareas.

V. casi ni se ha dado cuenta, mejor dicho, se ha dado cuenta pero no le ha resultado traumático ni pesado. Ha sido, un poco, como cuando vas al gimnasio: si vas poco a poco podéis aumentar la intensidad de los ejercicios sin daros cuenta; si, en cambio, empiezas haciendo diez series seguidas de abdominales, ¡no vuelves a entrar en un gimnasio en todo lo que te queda de vida! Hemos seguido así durante unos días más hasta que yo he empezado a invertir el orden del día a mi favor, es decir, él ha empezado a poner en su sitio más juguetes que yo.

Hoy la situación es la siguiente: antes de regresar al orfanato, V. no se ponía a recoger los juguetes si no se lo pedía o se lo recordaba yo y nunca lo hacía él solo, pero... hemos alcanzado, de todas formas, un excelente resultado. Las últimas semanas me limitaba a decirle que había que ordenar y a quedarme con él mientras colocaba todos los juguetes (manteniéndome ocupada yo también y haciéndole alguna que otra indicación). Cuando vuelva, ya tengo pensado el paso siguiente: acostumbrarlo a que ordene cuando yo se lo digo, sin necesidad de que lo ayude o de que esté con él. Veremos...

5. ¿Cómo conseguir que se lave los dientes todas las noches?

¿Vuestro hijo también es de esos niños que nunca quieren lavarse los dientes? ¿Uno de esos que se obstina en no comprender la importancia de la higiene bucal y que no quiere ni oír hablar de ir al baño, nada más terminar de comer, y coger el cepillo? ¿Vosotros también sois una de esas madres o uno de esos padres que tienen que repetir mil veces: «Por favor, te lo ruego, ¡ve a lavarte los dientes!», recurriendo, en casos extremos, a la amenaza del dentista o a la de quedarse sin caramelos para siempre? Si vosotros o vuestro hijo pertenecéis a este club, habéis llegado a la página adecuada. Vamos a ver juntos qué soluciones hay a vuestro problema.

También en este caso tenemos que reconducir parte de la responsabilidad a que no se está actuando conforme a la naturaleza del niño. Si el lavarse los dientes, en vez de ser el simple acto automático que debería ser, se ha convertido en una tortura para vosotros y para vuestro hijo, es probable que no estéis afrontando el problema desde la postura correcta. Por eso tenéis la sensación de que no os hace caso o de que no aprende.

> Ya os habréis dado cuenta de que repetirle las cosas como una orden o una regla no funciona.

¿Qué puede ser útil, en cambio? Aquí tenéis cinco consejos que no dejan espacio a las rabietas:

1. Dadle ejemplo vosotros

Al principio, sobre todo, os resultará imposible escapar a vuestro destino de padres: id con él al cuarto de baño con él y lavaros juntos los dientes. Hacedle ver que cuando salís de casa siempre lleváis con vosotros el cepillo y la pasta de dientes. Aunque no haga falta subrayarlo, mantenlo alejado de esos chicles que venden como sustitutos del dentífrico...

2 Empezad jugando y cantando cancioncillas divertidas

Si lo lleváis a rastras al baño y os parece que nunca se va a acabar ese suplico, si os cepilláis los dientes resoplando como un toro, si alzáis los ojos hacia el cielo suplicando piedad, estaréis exactamente igual que al principio. También en este caso, igual que con el orden, es importante que lo hagáis divirtiéndoos y que vosotros también, como personas adultas, podáis vivir el lado positivo y divertido de lavarse los dientes.

Por ejemplo, dependiendo de la edad que tenga vuestro hijo, podéis hacerlo jugando, inventándoos la historia del muñeco lavadientes, de la fórmula mágica que acaba con toda la porquería o cantando cancioncillas antes o después del cepillado.

3. *Evitad las amenazas*
No sirven jamás para nada, son inútiles, generan desconfianza y abren una brecha entre vosotros que con los años puede resultar insalvable. Reflexionad: ¿cómo os sentíais vosotros cuando vuestros padres os amenazaban? ¿El afecto que sentíais hacia ellos aumentaba o disminuía?

4. *Convertidlo en un momento más, sencillo y agradable, para que no se creen excepciones*
A veces, puede que vosotros también os hayáis dicho (puede que porque ya no aguantéis más la situación o porque tengáis prisa): «Vale, por una vez lo dejamos, ya se los lavará mañana...». Puede pasar, a veces estamos cansados, tenemos poco tiempo, estamos exasperados y quebrantamos nuestras propias normas, hacemos una excepción. Pero si las normas no son tales, si lo que debemos hacer lo hacemos con alegría y sencillez, sin excesivas imposiciones, todo resultará mucho más fácil y no habrá que recurrir a las excepciones. Reflexión: si también vosotros, las personas adultas, os concedéis hacer alguna que otra excepción, eso quiere decir que la regla es demasiado rígida hasta para ti. ¿Cómo vais a conseguir entonces que os haga caso? ¿Cómo podrá respetar vuestro hijo lo que decís y no pensar que vuestras directrices son demasiado rígidas?

5. *Conseguid ganaros su confianza*
Volvemos a repetir que, para cualquier situación, este es el terreno básico para que algo eche raíces. *Cuanto más confíe en vosotros vuestro hijo, más seguirá vuestras indicaciones.*

DIARIO DE ROBERTA

LA ROPA INTERIOR Y LOS CALCETINES SIEMPRE ESTÁN LIMPIOS (CUANDO LA HIGIENE ES OPCIONAL)

También en lo que se refiere a la higiene personal y la limpieza, V. y yo tenemos dos puntos de vistas divergentes. Para mí, darse a diario una buena ducha es lo normal. Para mí, también es lo normal que alguien se lave los dientes después de cada comida, igual que cambiarse a diario de ropa interior. Él, en cambio, piensa de otra manera: lavarse los dientes es opcional, algo que no es imprescindible hacer, una molestia si tiene que dejar de jugar para hacerlo, una pérdida de tiempo. La ropa interior y los calcetines siempre están limpios, nunca hay que echar a lavar las camisetas de Spiderman y Dragon Ball (sobre todo si son sus preferidas), y siempre se ha duchado ya ayer, así que no hay motivo para volver a hacerlo.

¡Y de las manos, ni hablemos! Las suyas se lavan y se desinfectan solas. No es preciso que se las lave con jabón antes de comer, tampoco cuando las tiene llenas de arena o de barro, después de haberse pasado toda la tarde jugando con la tierra, haber ido de compras, etcétera.

Me parecía evidente que, siempre dentro del recíproco respeto hacia diferentes puntos de vista, teníamos que encontrar un punto de equilibrio entre mi «extremismo» (según él) y su «ligereza» (según lo veía yo). Pero ¿cómo?

A medida que pasaban los días, V. se encontraba cada vez más a gusto conmigo. No porque yo sea una persona especial sino, simplemente, porque en mí encontraba a una persona adulta dispuesta a escucharlo, que no entraba en conflictos con él, serena y sonriente, atenta a sus necesidades y sus razones, afectuosa, que no lo juzgaba jamás. A quienes me dicen que asumir una actitud así es difícil o imposible siempre les contesto que imposible no es; en cuanto a la dificultad, habría mucho que hablar... No lo considero difícil, pero sí que requiere esfuerzo y dedicación. ¿Por qué? Para empezar, porque es preciso desearlo de verdad y ponerse manos a la obra. En segundo lugar porque, aunque no dejemos de lado nuestras otras actividades, tenemos que dar prioridad a nuestro objetivo principal: comprometernos en reavivar en nosotros ese estado de ánimo, como si fuese lo único que nos interesa. Siempre que lo he hecho o se lo he visto hacer a los demás, los resultados se han alcanzado a una velocidad pasmosa.

Mientras tanto, en estos meses, he seguido insistiendo en el otro frente: cualquier ocasión era buena para que viera que yo me lavaba las manos porque era necesario y para implicarlo, para que lo hiciéramos juntos (si lo hubiese mandado al baño a él solo o hubiese esperado que lo hiciese por iniciativa propia habría sido una batalla perdida). Lo mismo con la ducha: aunque V. sea mayor, aún le da miedo quedarse a oscuras, subir él solo al segundo piso de la casa para ir al baño. Con paciencia, he empezado a ir con él: cogíamos juntos la ropa limpia, llevábamos al baño varios robots con los que quería seguir jugando y, después de las primeras veces, he empezado a salir del baño, al principio solo unos minutos, con la excusa de que tenía que llamar por teléfono o coger algo. Bien: ahora es él quien me dice que quiere ducharse y quien me recuerda que me lave las manos cuando volvemos a casa o antes de comer. Siempre insisto en que el as en la manga con que contamos los adultos es la paciencia, la capacidad para no reaccionar con rabia y nerviosismo. Si hubiese perdido la paciencia, si me hubiese puesto nerviosa, si le hubiese regañado cuando todavía no era independiente o me decía que no tenía ganas, no habría obtenido nada. Si le hubiese reprendido con dureza ahora estaríamos igual que antes, discutiendo a diario, y, sobre todo, él no habría incorporado a su rutina diaria una sana costumbre, que le será beneficiosa durante el resto de su vida...

Y ahora, a propósito de dar ejemplo...

DIARIO DE ROBERTA

DE LAS HAMBURGUESAS AL BRÓCOLI EN SOLO DOS SEMANAS

La alimentación de V. siempre ha sido un problema. No podía ser de otra forma, con todos los abusos que ha sufrido y los vacíos afectivos que tiene... Si quería llevarme bien con él y ahorrarme discusiones, bastaba con poner en la mesa salchichas, hamburguesas, kétchup, patatas fritas, *pizza* y muchos, muchísimos caramelos. No es difícil imaginar qué clima se respiraba en la mesa con su familia de acogida: «Come, por favor... ¡Te lo suplico, come!» hasta llegar a los: «Te vas a morir como sigas sin comer», «Si no comes, se acabó jugar con el ordenador», «Vas a comerte eso porque lo digo yo», etc. En pocas palabras: ¡un desastre!

Observaba la escena sin intervenir, pensaba que había que emplear otro método para que se acostumbrara a alimentarse de forma más sana. Por suerte, cuando estoy con él tengo carta blanca sobre cómo educarle, así que he empezado a poner en práctica las únicas estrategias que considero eficaces, no solo con respecto a la alimentación sino, sobre todo, con respecto a cómo colmar sus vacíos afectivos. Que «accediese» a alimentarse de forma sana vendría rodado. Así, pues, desde hace ya más de dos años, he empezado un lento y laborioso trabajo...

Con esto me refiero a la capacidad de aplicar todas las estrategias idóneas con paciencia y perseverancia, mostrándote siempre disponible y sin perder la alegría. Y, como me ha ocurrido siempre, con V. tampoco tardé mucho en recoger los frutos. Cuando estaba con él procuraba estar lo más presente posible (con la cabeza y con el corazón), organizar mis horarios y mis energías para estar en todo momento espabilada y con fuerzas, no solo para jugar sino también para gestionar sus noes y sus rabietas y conflictos iniciales. Me organizaba para no tener que decirle: «Luego, ahora no tengo tiempo», para tener siempre una palabra amable en los labios y tiempo para escucharlo y para responderle cuando me llamaba. Procedí con confianza, día tras día, y al final llegó la bonita sorpresa. Ya había notado que su estado de ánimo y su conducta se estaban modificando; dentro de su hiperactividad, estaba más tranquilo, más sereno y colaborador. Luego, aquel día... Aquel día, en la mesa, todos presenciamos algo que dejó desconcertados a todos los presentes y a mí agradablemente sorprendida. Nada más sentarnos a la mesa, yo cogí con el tenedor unas cuantas hojas de mi abundante ensalada; él se me quedó mirando muy atento y me preguntó qué eran esas hojas. Se lo dije, añadiendo que yo no comía lo mismo que él porque a mí me gustaba más la ensalada. V., entonces, me pidió que le dejara probar y... después de haber probado la ensalada me pidió que le echara un poco en su plato para poder comer lo mismo que yo. A diferencia de los demás, yo me sentí profundamente satisfecha no solo porque fuera a ingerir algo de verdura fresca, que además le ayudaría a no desarrollar extrañas carencias. Yo estaba contenta porque aquella era la señal de que volvía a sentir confianza en los adultos, porque era el principio de una curación afectiva, porque ya no iba a tener que compensar su vacío con la ingesta de grasas y azúcares, porque se estaba empezando a romper ese muro que lo empujaba a hacer y a comer algo distinto para distinguirse de los demás, para hacerse visible.

El tiempo ha demostrado que yo navegaba en la dirección correcta. Una dirección por la que hemos proseguido, sin desfallecer ni un solo instante, hasta lograr que hace apenas un par de semanas, en el supermercado, V. me pidiera que le comprara brócoli para comerlo con pasta (no se ha dado el atracón; el primer día ha comido un poco, con la pasta; luego, al día siguiente, un poco como acompañamiento y otro poco cogiéndolo de nuestro plato, para probar; teniendo en cuenta cómo estaban las cosas al principio, nos ha parecido un excelente resultado).

Como si eso no bastase, hace un par de noches no teníamos demasiada hambre ninguno de los dos y cenamos solo algo de fruta, a pesar de que la mesa estaba repleta de comida para los demás comensales. V. ha querido empezar por una manzana (que luego han sido dos manzanas) antes de pasar al resto de la cena. Esto no es un milagro. Sé que más de una persona estará pensando que se trata de un caso esporádico o que V. estaba especialmente inclinado a hacerlo, con respecto a otros niños, pero tengo que disentir.

V. no es distinto a los demás. Personalmente, opino que todos los niños, unos más, otros menos, unos con unos gustos gastronómicos, otros con otros, pueden alcanzar unos resultados de este tipo. ¿Por qué lo pienso? Porque el resultado no depende de la alimentación en sí sino, también en este caso, del problema de emotividad subyacente. Una vez solucionado este, se pueden alcanzar las cimas más elevadas.

Lo mismo ocurrió cuando V. me vio comer aceitunas, coliflor, pistachos (últimamente, hasta es él quien supervisa la compra y cuando va al supermercado con su familia de acogida escoge «las aceitunas que le gustan a Roberta», «la verdura que le gusta a Roberta», «los pistachos que quiere Roberta» y luego nos los comemos juntos cuando nos vemos). Ahora, mientras estoy escribiendo, recuerdo un episodio ocurrido hace un par de semanas. En la televisión, como todo el mundo sabe, ahora ponen muchos programas de cocina. V. los ha visto todos y habla de ellos a la hora de comer o cuando nos ve cocinar. ¿Cómo explotar este interés, convirtiéndolo en una experiencia concreta y divertida de la que pueda aprender algo?

Pues así: empiezo jugando yo, «hago que» soy un cocinero que está preparando un plato o un exigente miembro del jurado que olfatea, mira y remira el plato que tiene delante... V. se ríe y empieza a jugar él también (mientras preparamos la cena o la comida o estamos ya sentados a la mesa). Noto que de esta forma no solo se divierte sino que también empieza a hacerme preguntas sobre lo que estamos comiendo, quiere oler y probar él también, y este me parece un método excelente para que se familiarice con la comida sana y natural que preparamos y sienta empatía con ella. Lo hemos hecho durante dos o tres días hasta que V. me ha dicho: «¡Hoy te voy a preparar yo una ensalada rusa riquísima! No tenemos los ingredientes pero podemos ver qué hay en la nevera». Yo le he contestado: «Hum... ¡Qué guay! ¡Una ensalada directamente desde Rusia! ¡Pues claro!».

He abierto el frigorífico, he sacado las verduras frescas que había (pimientos rojos, tomates *cherry*, apio y cebolla) y he «preparado», además, a mi cocinero: delantal, cuchillo poco afilado, tabla para cortar, un escurridor para lavar la verdura, una fuente para la ensalada. Todo listo para que él se pusiese manos a la obra. Me he limitado a echarle una mano cuando él me pedía ayuda, algo que no tardó en pasar: «Esto córtalo tú», «¿Qué puedo hacer para que me queden más finos?», «Ponlo tú en la ensaladera», «Ayúdame», «No, esto lo hago yo». Hemos preparado la comida divirtiéndonos, se nos ha pasado el tiempo volando y V. ha aprendido muchas cosas nuevas e interesantes.

Así hemos pasado la última semana, antes de que se fuera, ¡preparando a diario una ensalada riquísima como dos auténticos chefs!

6. ¿Qué hacemos si no quiere terminarse todo lo que tiene en el plato?

De esto ya hemos hablado. Vamos a resumir los puntos principales:

— Llenad menos el plato.
— Preguntaos cuál puede ser su motivación profunda y evitad las ideas preestablecidas.
— Considerad que quizá quiera llamar vuestra atención.
— Afrontad la causa más extrema, si es necesario.

Y ahora vamos a examinar el tema en profundidad...

Llenad menos el plato

La capacidad del estómago de vuestro hijo es menor que la vuestra. Os evitaréis un montón de problemas si le servís raciones más pequeñas (siempre hay tiempo para repetir). Somos una sociedad de individuos sobrealimentados. Si vuestro hijo come solo lo que le pide su organismo, aunque sea muy poco para vuestra madre o vuestra suegra, apreciadlo y aprended de él... ¡No os hará daño, estad seguros! Obviamente, nos referimos a situaciones dentro de la norma (los casos de desorden alimenticio son otro tema).

Preguntaos cuál puede ser su motivación profunda y evitad las ideas preestablecidas

Como ya sabréis de sobra a estas alturas, vuestro hijo siempre tiene una validísima motivación profunda para portarse como lo hace. Puede que ya no tenga más hambre, puede que prefiera irse a jugar, puede que sea verdad que no le gusta ese ingrediente, puede que haya establecido desde el principio una mala relación con la comida como consecuencia de un destete forzado, demasiado tardío o prematuro, etc. También en este caso es esencial remontarse a la verdadera motivación y «atacar» por ahí. Nosotros hemos superado con este sistema muchas situaciones difíciles, tanto con niños que se negaban a comer como con aquellos que comían de forma compulsiva.

Considerad que quizá quiera llamar vuestra atención

Los niños necesitan hoy en día muchas atenciones, no porque sean unos principitos mimados sino porque las que reciben son escasas o apresuradas con respecto a sus necesidades. Es fácil, pues, que el momento de la comida (que para vosotros es muy importante) se convierta en un *arma para recibir fácilmente atenciones* y también vuestro tiempo, además de para descargar tensiones. Recordad: si mejoráis la calidad del tiempo que pasáis con él, tendrá menos motivos para reclamar vuestra atención en la mesa.

Afrontad la causa más extrema, si es necesario

Si no se trata de episodios puntuales, remontaos a la relación que ha establecido con su madre y, si es preciso, resolvedla. Sabemos que para una madre no es nada fácil sentirse responsable en primera persona de la relación que su hijo tiene con la comida. A veces, sin embargo, es un pasaje decisivo, considerando que el primer alimento que recibe el niño —compuesto no solo de comida sino también de sensaciones, amor, emociones y sentimientos— le llega precisamente a través de ella durante el periodo de gestación. Cuanto más mejore la relación madre-hijo, mejor será la relación que el hijo tenga con la comida, tanto si se trata de aumentar la cantidad como si hay que reducirla.

También en este último caso (reducir la cantidad de comida) los consejos son los mismos: *negarle más comida con gritos o chantajes sir-*

ve de poco (es más, con frecuencia empeora la situación y crea más tensión). Es mucho más útil actuar como en el caso de la televisión: anticiparse a la necesidad y transmitir una sensación de abundancia trabajando paralelamente sobre la solución de la causa afectiva.

Solo si se resuelve la causa afectiva de raíz mejorará la relación con la comida. No olvidéis nunca *el valor del ejemplo*:

> Si sois melindrosos con la comida, muy sobrios o muy glotones, siempre tenéis hambre o no probáis jamás bocado, recordad que en vuestro hijo se reflejan vuestras actitudes como si él fuera vuestro espejo.

¿Y si lo que tiene en el plato o en el tenedor acaba por el aire, ensuciando el mantel, la ropa y el suelo? ¿Cómo evitar subirse por las paredes si, nada más sentarte a la mesa, el fruto de tus esfuerzos en la cocina genera un desastre antes de empezar a comer?

DIARIO DE ROBERTA

MANCHAS DE SALSA POR TODAS PARTES

Sonrío cada vez que recuerdo un episodio ocurrido hace tiempo, durante la última estancia de V. en Italia. Estábamos cenando cuando, en un determinado momento, a V., al intentar mover el vaso, se le cayeron al suelo todos los espagueti que acababa de enrollar en el tenedor, ensuciando no solo el suelo (se quedaron manchas de salsa en las patas de la silla y de la mesa), sino también el mantel, su camiseta, sus pantalones... Miré instintivamente a V., que tenía clavada en mí su mirada esperando mi reacción, y exclamé: «¡Vaya, qué mala pata! ¡Se ha caído! Ya sé que no lo has hecho a propósito... ¿Cómo podrías arreglarlo?» (añado sonriendo). Él hace ademán de ir a recogerlo y yo le alargo un rollo de papel de cocina. Mientras tira al cubo de la basura la pasta que se ha caído le digo: «Convendría limpiarlo todo, ¿no?», y V. coge la bayeta del fregadero, lo limpia todo cuidadosamente y se lava también las manos. Luego se vuelve a sentar, yo le doy las gracias y seguimos cenando.

La próxima vez sabrá hacerlo aunque yo no esté o no se lo diga. ¿Por qué V. se ha puesto a limpiar sin rechistar? Creo, sinceramente, que lo ha hecho porque no se ha sentido acusado o culpabilizado (en el fondo, lo que le ha ocurrido le podía pasar a cualquiera), porque no me ha visto perder la paciencia y no le he regañado.

Yo, por mi parte, me pregunto si he hecho lo correcto, si mi actitud no habrá sido demasiado «blanda» (conozco bien las consecuencias de un modelo educativo excesivamente permisivo). En cualquier caso, sé que he obrado de la mejor forma posible: no le he regañado, es cierto, pero no he limpiado por él, le he permitido que aprenda a gestionar las consecuencias de sus actos manteniéndome firme. Esa misma noche, cuando nos hemos quedado solos, Antonio y yo hemos recordado lo ocurrido, paso por paso, pensando en todos los niños a los que regañan porque se ensucian o porque se les caen las cosas al suelo. Todos y cada uno de nuestros gestos traen consigo una consecuencia: en este último caso creo que la consecuencia inevitable es el malsano sentimiento de culpa que se activa en el niño, el miedo que se desencadena en su interior al ver alterarse al adulto y la lenta e inexorable pérdida de estima consiguiente. Fin de la reflexión...

7. ¿Cómo podemos evitar que toque cosas peligrosas?

Para empezar, tenemos que plantearnos si el problema es, realmente, que el niño no puede tocar cosas peligrosas o entender por qué se hace daño cuando las toca. En líneas generales, habría que eliminar lo más posible todas las fuentes de peligro y vigilar todos sus movimientos; esto nos ahorraría a nosotros desagradables sorpresas y a él le permitiría tocar los objetos que atraen su curiosidad. Dicho esto, vamos a ver juntos algunos consejos útiles.

No le asustéis

Con frecuencia, si nosotros nos preocupamos o nos asustamos, contribuimos a modificar de forma automática sus sensaciones y a asustarlo también a él. El miedo es, con frecuencia, la causa de un desastre. Si nota que no tiene la situación bajo control, para él todo empieza a vacilar: la falta de un punto de referencia activa el miedo. *No olvidéis que su referencia siempre sois vosotros.* Cuando es demasiado pequeño y sus recursos interiores aún no le permiten ejercer el control sobre la totalidad de la realidad, el niño recurre instintivamente a vuestras capacidades para gestionar la situación. Por lo tanto, *si os asustáis o si lo asustáis, es peor.* Es mejor anticiparse y prevenir, como veremos dentro de poco.

Evitad amenazarlo

«Pobre de ti como lo toques...», «Pobre de ti como te acerques», «¡Cuidado, que te quemas!», «¡Cuidado, que eso corta!»... son frases que no ayudan. A vosotros os parecerá que habéis cumplido con vuestro deber de personas adultas y que os habéis quitado un peso de la conciencia («ya se lo advertí...»), pero a él, en realidad, las advertencias no le hacen ningún efecto. Os lo decimos porque la curiosidad de vuestro hijo y su necesidad de experimentar y de verificar sus intuiciones son más fuertes que cualquier advertencia. Apenas os deis la vuelta o vayáis a otra habitación, él irá corriendo, aunque sea a escondidas, a satisfacer su necesidad, arriesgándose a hacerse daño de verdad.

Las cosas que se prohíben con ira y violencia son aquellas que tenderá a hacer más, aunque sea a escondidas, aunque sea buscándose problemas con la autoridad. (Nos pasa también a nosotros, los adultos).

Prevenid la tentación y el peligro (el padre o la madre colchoneta)

Frente a todo lo que atrae su curiosidad, pero puede ser peligroso, es conveniente que haya siempre un adulto que haga de «colchoneta». Si la sartén quema, te la dejo tocar cuando empieza a ponerse caliente; si el cuchillo corta te enseño su efecto sobre una zanahoria o paso mi dedo y el tuyo sobre la punta para que notes que está afilada y cortante; si te gusta balancearte sobre la silla, te sujeto con fuerza y, echando la silla hacia atrás, te hago sentir la sensación de vacío para que entiendas lo que te podría ocurrir (evitando reírte o hacer bromas sobre el tema; si haces eso, intentará repetirlo también cuando esté solo). ¿Por qué funciona?

La modalidad del «padre o madre colchoneta» funciona porque los niños tienen un sentido innato del peligro: no son tontos, saben que el cuchillo corta y que el fuego quema.

Cuando ocurre un accidente, ya sea pequeño o grave, con frecuencia no es solo porque el adulto se haya distraído, sino también porque al niño no se la «explicado» el grado de peligrosidad de una situación o un objeto.

Pasad más tiempo con él

Parece banal subrayarlo, pero nunca se tiene bastante cuidado. Cuantas más posibilidades tenga vuestro hijo de jugar y estar con vosotros (o bajo el cuidado de otro adulto), menos riesgos se corren. Tenéis poco tiempo, lo sabemos, y no sois una reserva inagotable de energía, pero con un poco de buena voluntad podemos conseguir gestionar mejor nuestros recursos, si es preciso pidiendo ayuda a conocidos, familiares o amigos (a veces, gratis).

Dejad que os observe también cuando hacéis cosas peligrosas

Le ayudará observaros mientras subís con cuidado las escaleras, manejáis con precaución los cuchillos, no os asomáis demasiado desde el balcón, cruzáis la calle como es debido, quitáis la sartén del fuego usando agarradores, etc. Le será útil porque se sentirá impulsado a imitaros.

> Vuestro hijo absorbe e imita todos vuestros actos y emociones, hasta los más insignificantes. Imaginad qué hará con los gestos que hacéis a diario (siempre y cuando tenga ocasión de observarlos...).

No pretendáis que se entretenga solo demasiado pronto

Es muy cómodo tener un hijo que se queda «pegado» a la tele de buena gana (doble mensaje contradictorio para él: «Me pones delante de la tele cuando a ti te conviene y luego la demonizas cuando hay que apagarla porque quieres que yo haga otra cosa»). Sería muy cómodo tener hijos que se entretuvieran ellos solos, que se pasasen horas con el mismo juego, que no corriesen, que no gritasen, que no se cayesen y se hiciesen daño... ¡Sería muy cómodo pero totalmente absurdo y antinatural! Los niños tienen derecho a seguir sus inclinaciones, a aburrirse, a cambiar de actividad con frecuencia, a sudar, a correr, a caerse, a hacerse heridas en las rodillas y volverse a levantar, a caerse del sofá y darse contra una esquina de la mesa... ¿Qué importancia tiene? A todos nos han ocurrido esos pequeños accidentes y aquí estamos, ilesos y más fuertes que antes.

Los niños tienen derecho a disfrutar de esta libertad y, al mismo tiempo, a que no los descuiden (cuanto más pequeños son, más necesitan interactuar con los padres o con un adulto, que los apoyen y los secunden). Es conveniente crear un sano equilibrio entre estos dos elementos.

Evitad sustituir el martillo por un peine. Preguntaos, mejor, por qué quiere un martillo

¿Por qué le llama tanto la atención un martillo? Quitarle el martillo de las manos, darle un peine viejo y decirle que juegue con él equivale a tomarle el pelo. Y vuestro hijo lo sabe. Él ha cogido el martillo porque estaba al alcance de la mano, ha sentido curiosidad, ha pensado en usarlo, etc. Si quisiese un peine, ya habría buscado uno u os lo habría pedido. Por lo tanto, es mejor tener el martillo alejado de su vista o, como ya hemos indicado, enseñarle para qué sirve y cómo se usa, por ejemplo, aplastando con él una nuez para que comprenda lo peligroso que puede llegar a ser (una vez más, desempeñad el papel de «padre o madre colchoneta»).

8. ¿Conseguiremos algún día que se ponga a hacer los deberes sin gritos ni amenazas?

La respuesta que te daría espontáneamente Roberta es: «Por encima de todo, no le grites ni lo amenaces. ¡Es preferible que no los haga!». Sabemos, sin embargo, que las cosas no son tan fáciles y que a su respuesta, directa y formulada «con el corazón» hay que añadirle la cabeza...

En nuestro libro anterior ya nos planteamos la utilidad de los deberes. Nos preguntamos si, a largo plazo, sirven realmente para algo o si no son el reducto de un sistema de aprendizaje que se ha quedado obsoleto y que, no se entiende muy bien por qué, sigue vigente. Con independencia de estas reflexiones, os damos algunas claves para que hagáis frente a la situación y salgáis indemnes de las tardes pasadas sobre los libros.

Buscad el momento más adecuado

Algunos niños prefieren hacer los deberes nada más volver a casa (para quitárselos cuanto antes de encima); otros llegan a casa tan cansados que mandarles a estudiar, nada más terminar de merendar, implica asistir a cabezas que se caen sobre los libros, ojos que se cierran, quejas, distracciones, etc. A veces, basta con posponer el momento fatídico, dejarles jugar un rato para que repongan energías y estén listos para emprender el maratón vespertino de ejercicios y lecciones.

Procurad no dejarle solo

Este consejo es válido para los niños que se encuentran aún en la fase egocéntrica (0-7 años); estamos hablando, pues, de los primerísimos años de colegio, no de adolescentes que ya están cursando el bachillerato. En esta fase, vuestro hijo tiene que recibir vuestro apoyo y tenéis que guiarlo mientras hace los deberes. Necesita imitar el ejemplo de una persona adulta ordenada, disciplinada y constante, capaz de organizarse y no perder el tiempo, de divertirse, de ver el lado bueno de las cosas, incluidas las que no nos gustan.

Si en esta fase pretendemos del niño un exceso de autonomía por su parte, corremos el riesgo de que, con el paso de los años, se convierta en un adolescente que no se sabe organizar, no siente respeto por las cosas, no sabe gestionar su tiempo y carece de un método de estudio. Por lo tanto, intentad estar con él; si tenéis que trabajar, procurad que esté con él una persona adulta mientras hace los deberes por las tardes (hacerlos deprisa y corriendo después de cenar no es la mejor solución, a menos que no hayáis hecho juntos una excursión superdivertida esa tarde, en cuyo caso el 50 por ciento de los deberes no se hace gracias a una justificación escrita de los padres y el 50, 40 o 30 por ciento restante se hace a toda prisa con la ayuda del padre que esté menos cansado).

Comprendedlo (y recordad que el colegio y los deberes también os aburrían a vosotros a veces)

Los deberes no se escapan de nuestra búsqueda de la motivación profunda. En este caso tampoco podéis eximiros: localizad el motivo profundo por el que vuestro hijo no quiere hacer los deberes y comprendedlo en vez de criticarlo. Los motivos son todos válidos: «No tengo ganas», «Estoy cansado», «No me gusta», «Esto no me va a servir para nada» (quizá tenga toda la razón...), «Quiero irme a jugar», «Ayúdame, esto no lo entiendo», «No me sale», etc. Acoged sus motivaciones y haced lo posible para ponerle remedio, para que aprenda de vuestro ejemplo.

Ayudadlo a que los deberes le parezcan más interesantes

No hace falta que os recordemos qué aburridos y alienantes pueden llegar a ser ciertos ejercicios escolares o determinados métodos de estudio. Tener al lado a una persona adulta que te indique cómo puede resultar todo más interesante puede ser de gran utilidad. Nosotros, por ejemplo, siempre hemos obtenido excelentes resultados contándoles las lecciones de Historia como si fuera una aventura fascinante y acudiendo al libro de texto solo en última instancia.

> Una lección contada oralmente, como si fuera un cuento, se queda mejor grabada en la memoria: él os pide que sigáis para saber más.

Aprenderse las conjugaciones y la tabla de multiplicar es mucho más divertido si lo hacéis ayudándoos de una cancioncilla (todavía hoy hay niños que se acuerdan de las canciones y nos piden que las escribamos). Las matemáticas resultan más claras con ejemplos de la vida cotidiana (hace apenas unas semanas ayudamos a una niña de diez años a hacer conversiones pensando en cosas concretas: un kilo o medio de plátanos; un niño de un metro de altura; una carretera de tantos kilómetros, etc.).

Haced lo posible por manteneros neutrales y no pretendáis que sea el mejor de la clase

Con frecuencia hemos observado, sobre todo en los adultos (los niños lo manifiestan solo si han sido condicionados), un culto despiadado al éxito. Quieren hijos perfectos, que saquen excelentes notas, mejores que las del resto de sus compañeros. Los niños no sienten en absoluto esta necesidad. Vuestro hijo necesita aprender a su manera y a su ritmo. Su inclinación natural no es compararse con los demás, sino mantener viva su curiosidad, siempre en busca de respuestas. El resto es un asunto de los adultos. Destacar sobre los otros, parecer perfectos, sacrificarlo todo (incluso a uno mismo) para lograr el éxito, son valores que nos han sido transmitidos y que no tienen nada que ver con nuestro instinto y nuestra naturaleza profunda. Por lo tanto, si queréis ayudarlo a crecer respetando su naturaleza haced lo posible para no anticipar etapas y evitad inculcarle la importancia de las calificaciones y del éxito.

> Manteneos neutrales y no deis al colegio más importancia de la que realmente tiene. Recordad: las lecciones más importantes vosotros las habéis recibido de la vida.

Leer, escribir, hacer cuentas, dibujar, tocar un instrumento, conocer el pasado, descubrir el planeta... Todo esto es posible también partiendo de otros presupuestos y siguiendo métodos amenos y sencillos que entusiasman a los niños. Hoy, por suerte, muchos educadores lo están entendiendo así y se están convenciendo de que los niños, si aprenden divirtiéndose, a su ritmo y siguiendo sus características innatas, lo recuerdan todo mejor y se estimula el deseo de conocimiento que sentirán de mayores.

9. ¿Podemos lograr que se vista y salga de casa por las mañanas sin recurrir al chantaje?

¿Caprichitos ya por la mañana temprano? ¿Elegir la camiseta, los pantalones o los zapatos es un problema? ¿Nunca quiere ponerse la ropa que vosotros decís? Vamos a ver, paso por paso, cómo podéis salir vivos del problema sin perder la sonrisa ni hacérsela perder a él.

Calculad mejor el tiempo

Elemental, pero importante. Al principio, puede que no os guste mucho la idea, pero poner el despertador media hora o incluso una hora antes os permitirá descubrir que una hora de sueño menos no os cambia la vida y, en cambio, mejora la calidad del tiempo de que disponéis para gestionar con calma vuestras necesidades y las de vuestro hijo. Recordad que la falta de sueño nunca es la verdadera razón de nuestra frustración o nuestra desazón. Nos sentimos cansados o frustrados porque no somos felices, porque las cosas no van como nosotros quisiéramos, porque nos cuesta gestionar la carga de nuestras emociones. Tener tiempo para hacer a vuestro hijo unos cuantos mimitos más al despertarlo, para desayunar con calma, para juguetear mientras se viste y conseguir resolver sus objeciones con una sonrisa no puede sino acarrear beneficios. Os lo decimos por experiencia: cuando teníamos a nuestro cargo entre cuatro y seis niños que tenían que llegar puntualmente al colegio, fue nuestra tabla de salvación.

Haced lo posible para gestionar vuestra reacción

Si sentís que estáis a punto de perder los nervios, respirad hondo, acoged lo que sentís, como habéis aprendido a hacer en páginas precedentes, y recuperad vuestra neutralidad. Solo si mantenéis el equilibrio podréis gestionar brillantemente y en poco tiempo la situación, sin caer en la trampa de los gritos y de las luchas de poder.

Id a la motivación profunda y resolvedla

Intentad comprender que el verdadero motivo de vuestra rabia o vuestro malhumor no es vuestro hijo o la situación que se ha creado, sino la herida abierta dentro de vosotros que, por el motivo que sea, ha vuelto a sangrar.

Sed padres y guías

Si enfiláis el camino sin retorno de que sean vuestros hijos quienes decidan a qué hora se levantan y quienes abran el armario para elegir la ropa que les apetece ponerse, quienes empleen todo el tiempo que quieran en elegir, entre todo tipo de cereales, bollos, mermeladas, tostadas o qué van a desayunar, ¿pensáis que podréis salir vivos del intento? ¡Imposible! Por lo tanto, coged las riendas de la situación antes de ir a despertar a vuestro hijo y sed conscientes de toda la secuencia: despertador, mimitos, baño, desayuno con pan y mermelada, ponerse la camiseta *x* y los pantalones *y*, y salir de casa.

> Si sois vosotros quienes lo guiais, tenéis ganada la partida: vuestro hijo os sigue sereno, no se crean situaciones de estrés, él percibe vuestra seguridad y la absorbe como si fuera una esponja.

Os recordamos que, entre otras cosas, los niños muy pequeños no tienen capacidad alguna para decidir (si lo hacen es solo para adaptarse a los padres). Elegid vosotros, guiadlo vosotros: él no se espera otra cosa.

No os enfadéis (jamás)

Mantener la calma es el arma secreta que no puede faltaros jamás si queréis construir una buena relación con vuestro hijo. Si, por lo que sea, la perdéis (lo subrayamos una vez más) no os juzguéis negativamente: id a la motivación profunda y aceptadla, acogeos, evitad descargar la frustración sobre vuestro hijo porque así solo empeoraréis las cosas.

No os desdigáis de vuestras decisiones

Evitad desdeciros y cambiar de planes. Si habéis elegido la camiseta roja, que sea la camiseta roja; si hay pan y mermelada para desayunar, que coma pan y mermelada, sin dudas ni marcha atrás.

Qué hacer, en la práctica, si esos pantalones no le gustan

Veamos un ejemplo de cómo podéis gestionar la situación si vuestro hijo se niega a ponerse los pantalones que habéis elegido esa mañana.

«¡No quiero ponerme estos pantalones, ya te he dicho que no me gustaaan!» y, con expresión desafiante, planta los pies en el suelo y lanza los pantalones limpios, de una patada, hacia el pasillo.

Ha llegado el momento de recurrir a vuestro espíritu zen...

«¿No te los quieres poner? ¡Hay que ver, qué poco te gustan estos pantalones! Ya sé que te parecen feos/te quedan estrechos/te pican, etc.». Sonreís y respiráis, sonreís y respiráis. Os sentáis en la cama y continuáis: «¡Qué se le va a hacer! ¡Hoy toca estos!».

«Te entiendo, de verdad... Siento mucho que esto te haga enfadar... ¿Cómo podemos solucionarlo? ¡Idea! ¡Me los pongo yo! Tú, en cambio, te pones los míos... ¡A ver cómo te quedan!». Llegados a ese punto, empezáis a jugar con él: la tensión se evapora, vuestro hijo se ríe y comprueba que no estáis en pie de guerra, entiende que la provocación no le lleva a ninguna parte, juega con vosotros y, al final, se pone los benditos pantalones.

Otra opción es decirle: «Cariño, ya lo sé, lo siento mucho, pero hoy hay que ponerse estos pantalones».

«¿Y por qué? ¡No quiero!».

«Es lo que ha decidido mamá (o papá)». Lo miráis a los ojos, sonriendo y sin apartar la mirada, sin el más mínimo rastro de nerviosismo, impasibles: ni siquiera el tsunami más violento podría haceros cambiar de opinión (seguís sin enfadaros y sin perder la calma). «Te entiendo, cariño, si quieres gritar, llorar o tirar algo al suelo, yo te ayudo; si quieres mimitos, aquí me tienes, pero los pantalones que tocan hoy son estos...».

Quedaos con él, sentaos en la cama, con calma, y esperad.

A los pocos minutos, muy probablemente, vuestro hijo os pedirá que lo ayudéis a ponerse los pantalones; si, en cambio, sigue estando muy enfadado, repetid con calma las mismas palabras de antes. A grandes males, grandes remedios. Si él sigue sin dar su brazo a torcer, podéis decirle, siempre sin perder la calma: «Ya solo me queda una solución: llevarte al colegio en calzoncillos (sonreís)... ¡En marcha!».

Llegados a este punto puede sonreír, deciros que eso no y ponerse los pantalones, o seguir gritando y diciendo que no se los pone y que no quiere ir al colegio. Repetidlo todo una vez más, con paciencia. Al principio se puede activar una auténtica lucha de poder, un agotador tira y afloja entre ambas partes, pero os garantizamos que, a la larga, sobre todo si sois neutrales y comprensivos, no tendréis que llegar al extremo de subiros al coche con vuestro hijo en calzoncillos ni de pasar ese calvario durante mucho tiempo. Esto también os lo aseguramos por experiencia: lo hemos vivido muchas, muchísimas veces...

DIARIO DE ROBERTA

«QUIERO PONERME ESOS ZAPATOS, ¡SI NO, NO JUEGO!»

Hoy es domingo por la mañana, uno de los pocos domingos que tenemos libres porque estamos en Navidad. Después de mucho tiempo, Antonio y yo tenemos un día a nuestra entera disposición, como las personas normales, y podemos elegir cómo pasarlo. Dado que V. está en Italia, vamos a casa de su familia italiana para estar todos juntos. Por la mañana ya hay un continuo ir y venir de gente, de amigos y conocidos que brotan como hongos para felicitar las fiestas, mientras el teléfono y el telefonillo no paran de sonar. V. está un poco nervioso, se siente incómodo con tanta gente que quiere conocerlo (y, desgraciadamente, también compadecerse de él), no le apetece nada estar allí, rodeado de saludos afectados y sonrisitas de cumplido... Mensaje recibido: ¡hay que huir! ¿Por qué no salir al jardín, a jugar a la pelota con Antonio?

La idea parece perfecta: le gusta a V., me gusta a mí y le gusta a Antonio. Todo está listo y de pronto... ¡¡¡Estalla la tragedia!!! ¡¡¡LAS BOTAS!!!

Como si fuera presa de la ira de Hades, el dios de los infiernos, V. nos lanza una retahíla de improperios porque quiere, a toda costa, ir a jugar con sus zapatos nuevos de ante, que le han comprado el día anterior. ¡No hay discusión que valga, quiere ponerse esos zapatos y punto! Si fuésemos a jugar sobre el cemento o el asfalto no habría problema alguno, pero el jardín está lleno de barro, después de días lloviendo sin parar, y esos zapatitos de «pijo» se pueden limpiar, sí, pero solo hasta cierto punto. Tiene que ponerse otro tipo de calzado, no queda otra. Bien, cojamos las deportivas verdes, ¿dónde están? «Las lavé ayer y están todavía húmedas, lo siento», es la respuesta de la señora que tiene a V. en acogida. ¡¡¡Aaaahhhh!!!

V. se enfada todavía más y yo, de buenas a primeras, no entiendo por qué, si puede ponerse las botas viejas que traía de Bielorrusia. V. se pone hecho una furia, llora a gritos porque no quiere ponerse esas botas: «Me quedan grandes, tengo que arrastrar los pies, pesan mucho, no me gustan, son asquerosas, etc.», todo ello acompañado de gritos y lágrimas. ¡Maldita sea!

Me tomo unos segundos para pensar qué hacer y... ¡se enciende la bombilla! (por suerte). ¡Con razón no quiere ponerse esas botas! ¡Cómo no lo he pensado antes! Donde vive, V. no tiene ni siquiera un armario para guardar su ropa. Duerme en un cuarto que comparte con otros catorce niños, la ropa y los zapatos de todos están amontonados en una especie de almacén donde el primero que llega es el que escoge. Esas botas, probablemente, no son suyas, se las ha encontrado metidas en la maleta, sin que le hayan dado la más mínima posibilidad de rechistar... ¡A saber qué le recuerdan!

No puede ponérselas. Al menos no en Italia, un domingo por la mañana, cuando puede encontrarse con otros niños y que estos las vean. Es cierto. Como ocurre siempre, el problema no es el objeto en sí, sino el sentimiento al que nos remite, el que V. está experimentando en esos momentos.

Salgo fuera, armada de una enorme sonrisa y de mi proverbial paciencia y me lo encuentro sentado en una silla del jardín, descalzo, llorando desconsoladamente. Me agacho, le miro a los ojos y le digo: «Tienes razón no queriéndote poner esas botas tan feas... Te entiendo, son horribles y mañana mismo las tiramos (todos los años, cuando llega, le compramos un par de zapatos nuevos en sustitución de los viejos que trae). Como las deportivas verdes están todavía húmedas y los zapatos negros son nuevos, jugaremos a la pelota otro día... ¡Qué pena! Me apetecía mucho jugar, ¿a ti no?» (Me dice que sí con la cabeza). «Te propongo otro plan. Si quieres, puedes jugar con mis zapatillas... Voy a intentarlo yo primero». (Bromeo y empiezo a chutar el balón con las zapatillas que llevo puestas, tropiezo y me caigo). «¡¡¡Nooo, no puedo, me hago daño en los pies y además tengo frío!!!» (Sigo bromeando con él y él se empieza a reír, implicándose en la broma). «Esas botas son horribles, estoy deseando tirarlas, pero mientras tanto, en vista de que no hay otras y de que no podemos jugar descalzos, puedes probar con ellas una vez, chutas y compruebas si sirven para jugar. Yo te ayudo, te las ato fuerte para que no te baile el pie dentro (sentirse acogidos y ayudados en un momento de dificultad emocional es importante para todos los niños), si no funciona lo dejamos y jugamos mañana cuando las deportivas verdes estén secas».

Le pongo una de las botas, se la ato bien y él le da unas cuantas patadas al balón. «Ven, que te pongo la otra, solo por probar si con las dos lo haces mejor; si no te gustan, te las quito y asunto olvidado... Tienes razón, si además de ser muy feas te hacen daño, no se puede jugar con ellas...». (Soy sincera y no tengo la más mínima intención de manipularlo con mis afirmaciones). V. se pone la otra bota, se la ato; mientras tanto, ha llegado Antonio y se pone a jugar. V. se levanta y empieza a correr él también: milagrosamente, ¡vuelve a sonreír! A los pocos minutos, le pregunto si ok con las botas o si quiere dejar de jugar. Él me mira sonriendo, dice que no, y me da las gracias con la mirada por haberle ayudado a superar la crisis... Jugamos como locos hasta que anochece.

10. ¿Cómo evitar los típicos caprichitos y que no pare de pedir cosas cuando vamos al supermercado?

Esta situación, que nos han planteado muchos padres, es también una triste escena que hemos observado nosotros mismos cuando vamos a hacer la compra: hijos que imploran, padres que hacen como si no los oyeran, niños aburridos, adultos que los tratan de mala manera... ¿Qué hacer?

Si podéis, evitad llevarlo

«¡La próxima vez te quedas en casa, y punto!». ¡Excelente idea! Eso es lo que hay que hacer: anticiparos al conflicto y, si podéis, dejadlo en casa; haced la compra durante el fin de semana, cuando vuestra pareja no tenga que ir a trabajar y se pueda quedar con él, o dejadlo en casa de los abuelos, de unos familiares, de amigos, de vecinos de confianza e id vosotros solos a hacer la compra. A veces, hemos escuchado decir que llevar a los niños al súper es bueno, desde el punto de vista educativo, porque así aprenden a gestionar sus frustraciones. Con total sinceridad, no nos parece el método más adecuado. Los niños, sobre todo cuando están en la fase egocéntrica, se sienten atraídos por todo (formas, colores, olores); en los supermercados lo saben de sobra y por eso colocan a la altura de su vista todo cuanto puede atraer su curiosidad y excitar sus deseos y que, por lo tanto, puede ser virtualmente adquirido.

Dejarlo en casa evita frustraciones a él y un montón de problemas a vosotros. Si os resulta imposible hacerlo, podéis aprender a gestionar mejor la situación. Vamos a ver cómo.

Satisfaced sus carencias afectivas

Un niño sin carencias afectivas, tanto si está en un supermercado como si va a una juguetería, pide unas cuantas cosas (una o dos, tres como mucho) sin ponerse pesado, sin insistir, sintiéndose satisfecho con un solo objeto, puede que incluso con ninguno. Si, en cambio, tiene un vacío afectivo, es natural que sienta la necesidad de querer colmarlo con todo lo que tiene a la vista: si estamos en un supermercado puede ser con comida (por lo general, comida basura o chucherías) o con juguetes. Al igual que en otros casos, también aquí es fundamental colmar de raíz su vacío afectivo. ¿Cómo? Aumentando las atenciones que le dedicáis, mejorando la calidad del tiempo que pasáis juntos y optando por atenderlo, por manteneros firme cuando sea preciso y mantener una actitud neutral.

Anticipaos a la necesidad

Aunque para un adulto resulte difícil aceptar esa modalidad educativa no nos cansaremos jamás de aconsejarla porque favorece la relación sin generar mimos excesivos, dependencias, carencias, sensación de vacío (difícil de curar cuando se es adulto) y falta de consideración por parte de papá y mamá.

Anticiparse a la necesidad, repetimos, no quiere decir que le deis todo lo que os pida, incondicionalmente, sea lo que sea. Es un mecanismo más sutil. *Significa estar ahí siempre, darle a entender que estáis disponibles y llenos de amor.* Por ejemplo, acudiendo en el acto cuando os llama, cuando quiere deciros algo, yendo a verle en cuanto volvéis del trabajo, antes de quitaros el abrigo, dejando de hablar cuatro segundos si estás al teléfono para decirle: «Lo sé, cariño, yo también quiero estar contigo, quédate aquí, a mi lado, ya casi he terminado de hablar, en cuanto acabe nos ponemos a jugar juntos» (y, mientras, mirándole a los ojos y acariciándole el pelo).

Si el niño tiene carencias afectivas (y las rabietas y los caprichos son la primera señal de que esto ocurre) es muy útil (haciéndolo de corazón, sin una doble finalidad) llevarle todos los días un detallito. Cosas sencillas: un dibujito hecho por vosotros mismos, una bonita hoja recogida en la calle en otoño, un abanico de papel que podéis hacer vosotros mismos, una caja de cartón que ya no os sirva, etc. Además de esto, al menos al principio, para colmar el vacío no está de más que le compréis dos bolsas de cromos en vez de una, o un cochecito más o que le concedáis de vez en cuando una cena a base de *pizza*, si es lo que más le gusta, etcétera.

Un acercamiento que no tiene nada que ver con comprarle todos los años una mochila nueva porque sí, un estuche lleno de bolis de colores y supertecnológicos que no sirven para nada, que tenga su cuarto a punto de desbordar de juguetes con los que no juega, cosas con las que, obviamente, no estamos de acuerdo.

11. ¿Cómo podemos ocuparnos de él sin desatender todo lo demás?

En los últimos años se ha puesto de moda hablar de padres y madres *multitasking*. Padres dotados de superpoderes que parecen proceder de otra galaxia y que son capaces de hacer cien cosas por minuto: trabajar, cocinar, hacer la compra, llevar un buen sueldo a casa y no malgastarlo, gestionar todas las necesidades de la familia y, además, ocuparse perfectamente, o casi perfectamente, de su hijo.

Pero estos no son padres y madres *multitasking*. Son padres y madres normales. ¿Cuál es, entonces, el problema? Pues que no somos lo bastante felices con lo que tenemos, queremos más pero no sabemos cómo obtenerlo y nos enfadamos añadiendo, a veces, al enfado, rencores, envidias, fijaciones, impaciencia y frustraciones de toda índole, hasta tal punto que nos parece que damos más de lo que recibimos (en términos de energía empleada). Por eso si tenemos que hacer la comida y, mientras, ocuparnos de él (o de ellos) entramos en crisis, cuando podríamos gestionarlo todo con total serenidad y con la máxima naturalidad.

Si nos sintiésemos totalmente satisfechos con la vida que tenemos y con quienes somos, todo sería mucho más fácil: estaríamos de mejor humor y con menos preocupaciones en la cabeza. Es nuestro deber esforzarnos en sentirnos mejor para poder gestionar de la mejor forma posible la presencia de nuestro hijo en medio de todo lo demás.

Una cosa que os aconsejamos es que lo impliquéis todo lo que podáis en lo que estáis haciendo.

Por ejemplo:

— Animadle a hacer la colada con vosotros y dadle ropa para que la meta en la lavadora (si ya es lo bastante mayor puede echar también el detergente), o para que os ayude a tenderla (pueden tener un pequeño tendedero para ellos o jugar con las pinzas, transformándolas en vagones de tren).
— Llevadlo con vosotros a la cocina, dadle unos platos pequeños, una olla con agua para que juegue, una mondadura de patata o una rama de apio. Si ya es más grandecito podéis dejar que os ayude a cortar, mezclar, echar la sopa en la sopera, etc. Él se divierte y, además, satisface la gran necesidad que tiene de estar con vosotros y de imitaros.
— Intentad que participe cuando vais al supermercado: dejad que sea él quien empuje el carrito, decidle que pese la fruta y la verdura (por lo general, eso les gusta mucho); si ya sabe leer, que lleve él la lista de la compra; o bien jugad a «veo, veo...» y que os ayude a encontrar los objetos que buscáis (no se pierde tiempo, lo sabemos por experiencia: nosotros también tenemos muy poco...).
— Cuando estéis limpiando, es posible que él no tenga ganas de imitaros. Cuanto más pequeño es, sin embargo, más necesidad sentirá, a los pocos minutos, de que os fijéis en él (por eso va en vuestra busca o empieza a ponerse caprichoso o hace alguna trastada para llamar vuestra atención). En este caso os sugerimos que le digáis que juegue en la habitación en la que os encontráis para poder interactuar con él, que le contestéis cuando os pide que miréis lo que está haciendo, que lo miréis cuando tiene necesidad de que lo hagáis o que le dirijáis una sonrisa de vez en cuando.

¿Y si tenéis que cocinar, ordenar y entretener a los niños para que no se aburran mientras vigiláis que lo que tenéis en el horno no acabe carbonizado? Os ofrecemos un ejemplo práctico de cómo gestionar las ocupaciones de la vida diaria sin sacrificar un tiempo y un buen humor preciosos que debéis dedicar a vosotros mismos y a vuestro hijo.

DIARIO DE ROBERTA

¿EL DOMINGO DE UNA *SUPERWOMAN*? NO LO CREO...

Dispongo de poco tiempo libre para dedicarlo al ocio o salir y el poco que tengo intento pasarlo con amigos con quienes me resulte fácil relajarme y pasar un rato divertido. Por eso, de vez en cuando, acepto sus invitaciones para ir a comer o a cenar a su casa. Al vernos muy de tarde en tarde, es frecuente que, si me invitan a comer, vaya a su casa por la mañana, igual que si me invitan a cenar voy a primera hora de la tarde. Así disponemos de más tiempo para pasarlo juntos. Como saben que me gustan los niños y el trabajo que hago, es frecuente que cuando llego deleguen en mí ocuparme de sus hijos.

Un día fuimos a casa de unos amigos que tienen dos simpáticos varoncitos, uno de once meses y el otro de tres años, y una niña de seis. Era un domingo por la mañana. Antonio tenía que tratar de un tema de trabajo con la madre, el padre estaba bañando a los dos mayores y el pequeño gateaba por la casa tocándolo todo. Me ofrecí a echar una mano: había que terminar de hacer la comida sin perder de vista al pequeño. ¿Qué hice? Lo cogí en brazos y me lo llevé a la cocina, lo puse sobre la alfombra y empezamos a jugar con lo que nos encontramos: el guante para sacar las cosas del horno, el tubo de papel de plata que ya se había acabado, dos castañas secas a las que hacíamos girar y algún táper vacío. Cuando el crío empezó a divertirse él solo (tiempo empleado en lograrlo: dos-tres minutos), me levanté. Sin dejar de mirarlo ni de hablar con él, cogí la escoba y empecé a barrer el suelo. En cuanto notaba que empezaba a aburrirse o que tenía algún problema, intervenía, resolvía el problema (tiempo: dos-tres minutos) y, siempre sin dejar de hablar con él, volvía a mis ocupaciones.

Terminé de lavar las verduras y de preparar los platos que faltaban, sin dejar de estar disponible para él. El tiempo pasaba: los mayores ya se habían bañado y, mientras el padre se incorporaba a la conversación que, mientras tanto, habían iniciado los adultos en el salón, los otros dos niños vinieron a la cocina a jugar. Me enseñaron sus juguetes y yo les hice algunas preguntas mientras seguía cocinando. Luego, los impliqué en la tarea, les pregunté dónde se guardaban los platos y los vasos, les pedí que eligieran ellos los que tuvieran más colorines y que pusiéramos la mesa juntos. Mientras poníamos la mesa, mis atenciones seguían dirigidas, sobre todo, a los dos pequeños, que podían hacerse daño si rompían algo y que, en cualquier caso, se distraían con más facilidad. La comida estaba ya en el fuego; tras bajarlo para que no se quemase, propuse a los pequeños que hiciéramos cartelitos con el nombre de cada uno de los comensales y un dibujito. Preparamos los cartelitos, bajo la dirección de la mayor, a la que se le ocurrió plegarlos y ponerles un lazo alrededor. Los pequeños nos ayudaron a su manera: el segundogénito hizo unos cuantos garabatos de colores en los cartelitos y el pequeño se entretuvo rompiendo y arrugando el papel sobrante. Mientras, ya eran las 12.20 horas. Los adultos se levantaron y fueron a la cocina, pensando que era ya tarde y que quedaba todo por hacer... Pero se llevaron una buena sorpresa. Y todo esto sin gritos, rabietas o niños molestando y poniéndose por medio.

¿Sabéis cuál ha sido el secreto de semejante éxito? Te lo decimos inmediatamente: el secreto es que Roberta ha conseguido mantener la calma. Sin dejarse influir por estados de ánimo externos (rabia, cansancio, disgusto, etc.) ha colocado a los niños en el centro de atención, los ha entretenido recurriendo a un sencillo juego y ha mantenido el control de la situación, implicándolos en lo que tenía que hacer. ¿Imposible? ¡En absoluto! Está al alcance de todos, y si os decidís a intentarlo descubriréis que vosotros tampoco necesitáis más tiempo o más recursos, basta con que tengáis la predisposición de ánimo que os hemos descrito y un poco de organización.

Al leer el ejemplo extraído del diario de Roberta alguien ha podido pensar que una cosa es hacerlo de vez en cuando, en un día que tienes libre, y otra, muy distinta, tener que hacerlo todos los santos días. Es cierto, y si es eso lo que estáis pensando vosotros ahora mismo, os entendemos. Hemos querido poneros este ejemplo porque es una de nuestras experiencias más recientes, pero os aseguramos que cuando teníamos niños en acogida pasaba lo mismo: había quienes querían jugar, quienes querían ayudarnos y quien tenía que estar vigilado todo el rato, todo ello mientras (no nos podíamos desdoblar, igual que os ocurre a vosotros) teníamos que cocinar y hacer la casa.

Creednos, no es imposible. Os deseamos de todo corazón que los consejos que os hemos dado puedan ayudaros: son los mismos procedimientos que, con paciencia y perseverancia, hemos utilizado también nosotros y que hoy nos permiten contarte los grandes beneficios que hemos conseguido obtener.

13

«¿Y AHORA POR DÓNDE EMPIEZO?»

Si nos preguntaseis cuáles son las seis acciones fundamentales para PREVENIR las rabietas de raíz y no solo para pegar los trozos una vez roto el jarrón, os diríamos lo siguiente:

- Haced lo posible para ganaros su estima o para restaurarla si creéis que se ha resquebrajado un poco (los consejos generales que os damos en este libro pueden seros de ayuda).
- Evitad banalizar o no conceder importancia a sus necesidades, a las cosas que hace y que os dice.
- Observadlo todo lo que podáis y preguntaos el porqué de sus gestos y estados de ánimo.
- Mostraos siempre disponibles.
- Si tenéis que poner límites o decir que no, hacedlo con firmeza y con cariño y amabilidad; sed comprensivos ante sus objeciones.
- Tratad siempre de no perder la calma (la neutralidad es una de las llaves más eficaces de que disponemos).

Somos conscientes de que no se trata de una tarea fácil. A veces, los obstáculos que nos impiden realizarla están en nuestro interior: es de vosotros, por lo tanto, desde donde tenemos que partir.

Los nueve enemigos del «dispositivo antirrabietas»

¿Qué puede sabotear dentro de vosotros la eficacia de nuestro dispositivo antirrabietas, ideado «siguiendo los dictados de la naturaleza»? ¿Ante qué enemigos tenéis que manteneros en guardia?

1. Cansancio

Si estáis cansados, es dificilísimo que consigáis satisfacer las necesidades de vuestro hijo, gestionar sus rabietas y tener paciencia. Haced lo posible para sacar un rato solo para vosotros, aunque sea pequeño. Por ejemplo, volved a casa diez minutos más tarde y concederos un paseo o un pequeño *break*, pedid ayuda a familiares, amigos o vecinos de confianza; organizad mejor vuestro tiempo (esto último siempre podemos hacerlo mejor...).

2. Deseos insatisfechos

Aunque seamos personas adultas, no está dicho que nuestra parte infantil esté totalmente satisfecha. No está dicho que hayamos colmado todos nuestros vacíos afectivos de la infancia, ni tampoco que estemos plenamente satisfechos con nosotros mismos y con nuestra vida. En este caso es realmente difícil ser pacientes, neutrales y empáticos. Aunque os parezca imposible, nos arriesgamos a competir o a establecer ligeras luchas de poder con nuestro hijo (por ejemplo, cuando le decimos que no le soportamos, que siempre quiere salirse con la suya, cuando se convierte en nuestro único punto de referencia o la única razón de nuestra vida olvidando que eso es lo que debemos ser nosotros para él). Lo ideal sería curar nuestros vacíos afectivos y sanar nuestras heridas, dedicando tiempo a nosotros mismos y convirtiéndonos en los padres del niño que llevamos dentro (y que, en el fondo, precisa de las mismas atenciones que nuestro hijo): aprendamos a querernos, a aceptarnos y a satisfacernos a nosotros mismos y, por qué no, a imponernos también esos límites, esa firmeza y esa responsabilidad que nos permiten no tropezar a lo largo del camino.

3. Falta de continuidad

Poner en práctica nuestros consejos durante una semana, llevados por el entusiasmo, y llegar a la conclusión de que no funcionan o de que supone un gran esfuerzo seguirlos, difícilmente puede dar resultados duraderos. Es importante que interioricéis nuestros consejos y que os concedáis el llevarlos a la práctica durante mucho tiempo (para transformarlos en un hábito adquirido y conseguir ver la mejora en su conjunto). Aunque os sigáis enfadando a veces o «tengáis un tropezón» al seguir algún punto, no os preocupéis: seguid perseverando, con paciencia y fuerza de voluntad. Con el paso del tiempo, conseguiréis inutilizar los viejos métodos y los automatismos que aún hoy empleáis involuntariamente con vuestros hijos, dejando cada vez más espacio a la comprensión y la neutralidad necesarias para preguntaros siempre (sin rabia ni nerviosismo): «¿Por qué actúa así? ¿Qué motivos tiene? ¿Qué le ha pasado en las últimas horas? ¿Me ha pasado algo a mí? ¿Qué ha ocurrido en la familia?».

4. Falta de observación

Si no prestamos mucha atención a lo que hacemos, decimos, sentimos o pensamos, nos arriesgamos a no ejercer suficiente control sobre lo que ocurre y sobre las consecuencias de nuestras acciones. Observarnos con atención nos permite volvernos más conscientes, entender cada vez mejor si estamos limitándonos a repetir viejos esquemas de conducta heredados o absorbidos de nuestra familia de origen y nos ayuda a apartarnos de ellos más fácilmente. Si nos observamos, por ejemplo, podemos saber cuándo estamos a punto de enfadarnos y gestionar la emoción antes de que nos arrolle. Podemos darnos cuenta de todas las veces en las que tratamos a nuestro hijo con tono duro o apresurado, en vez de firme y amoroso. Podemos intuir mejor cómo gestionar sus rabietas y caprichos y hacerlo con calma, sin perder el control.

5. Visión a corto plazo

La necesidad de resolver a la mayor brevedad posible un problema para recuperar la normalidad (conseguir que deje de llorar, que se deje de una vez de caprichitos, que se dé prisa en recoger o en vestirse, que se calle, etc.) aparta la vista de lo que debería ser nuestro auténtico objetivo: contemplar los beneficios de nuestro papel y de nuestras intervenciones desde una óptica a largo plazo.

¿Reflexionamos realmente sobre las posibles consecuencias de nuestras regañinas, de nuestros castigos, de los modos bruscos y de la superficialidad con la que a veces consideramos nuestra relación o la calidad del tiempo que pasamos con él?

Todo lo que construimos en estos años formará parte del adolescente y del adulto que vuestro hijo será el día de mañana.

6. Dificultad a la hora de asumir vuestro papel

Con frecuencia, observamos dificultades familiares entre adultos a los que les cuesta asumir su papel de guía y sostén, y a niños obligados a actuar como adultos demasiado pronto, que, con frecuencia, dan la sensación de ser ellos quienes mandan o de ser pequeños «tiranos» que abusan de la paciencia y de la bondad de los padres. A veces puede ocurrir hasta que nos sintamos esclavos de nuestro hijo, aplastados por sus noes y por sus peticiones insistentes, dañinas. Esto ocurre porque, con frecuencia, nos cuesta mostrarnos firmes en las elecciones que hacemos diariamente, hasta el punto de que delegamos en él, preguntándole, por ejemplo, continuamente: «¿Dónde quieres ir?», «¿Qué quieres hacer?», «¿Qué te quieres poner?», etc. Basta recordar la cantidad de veces en que ponemos un punto de interrogación en nuestras frases: «Cariño, ¿te cambiamos el pañal?», «Cariño, ¿vamos al parque?», «Cariño, ¿te apetece una sopa de fideos?», «¿Vamos a la cama, cariño?». Ante una frase formulada como una interrogación todos nos sentimos en la obligación de dar una respuesta, los niños incluidos. El problema es que, en los primeros años de vida, él no tiene aún la bastante seguridad como para ocupar el puesto del adulto, para hacer elecciones que no estén relacionadas con jugar, sino con la vida práctica, el tiempo, la comida o la ropa, que, por lo general, gestionan los adultos. En estos primeros años vuestro hijo necesita sentirse seguro, que no deleguen en él responsabilidades: solo así podrá crecer en un ambiente seguro donde observar a los adultos, ver cómo se comportan y convertirse en un ser independiente cuando surja en él, naturalmente, el estímulo para serlo (por lo general, entre el primer y el segundo septenio de vida, alcanzando la plena autonomía en el tercer septenio). Para evitar ese inconveniente, basta con eliminar los puntos de interrogación de nuestras preguntas para transformarlas en afirmaciones, comprometernos a gestionar nosotros el tiempo de nuestros hijos dando ejemplo, de forma que puedan aprender a hacer otro tanto. Os anticipamos que para muchos adultos esto supone un gran problema. Muchos de nosotros nos echamos a temblar ante la idea de tener que elegir porque tenemos la sensación de que así nos «imponemos», somos demasiado duros o corremos el riesgo de equivocarnos (quizá porque se trata de personas tendencialmente débiles o sumisas o han recibido una educación rígida e intransigente). Si os reconocéis en este retrato, aunque al principio os resulte difícil, haced lo posible para modificar vuestra forma de aproximaros al niño y, en poco tiempo, veréis a vuestro hijo sometido a muchas menos tensiones.

7. Intención de educarlo para que sea obediente

Partir del presupuesto de que hay que criar, educar, controlar, corregir a los niños para que se conviertan en adultos educados, eficientes, exitosos y capacitados para entablar relaciones pacíficas con los demás significa empezar con el pie izquierdo. Partir del presupuesto de que hay que amarlos, observarlos para entender mejor quiénes son, ponernos a su disposición para dejar que florezcan naturalmente sus capacidades, su natural predisposición a convertirse en individuos educados, colaboradores, dulces, afectuosos y, en líneas más generales, permitir que broten su esencia y su temperamento es el punto de partida mejor. Todo lo demás vendrá solo, como consecuencia.

8. *Transmisión al niño de vuestra historia*
No está dicho que vuestros miedos sean los suyos, que vuestro destino sea el suyo, que vaya a tener vuestros mismos problemas o vuestras mismas alegrías. Evitar transferirle vuestras ansias, carencias, expectativas, libera la relación de lazos vinculantes y permite a vuestro hijo responsabilizarse de su proyecto de vida y no del de otros. Pensad en los adultos que conocéis, en cuántos de ellos han tenido que resignarse a no cumplir sus sueños para no desilusionar a su familia, para seguir caminos ya marcados, para responder a pasiones y elecciones que no eran las suyas.

9. *Prisa por hacerlo todo cuanto antes*
Si lo que habéis leído os ha interesado y queréis llevarlo a la práctica, os aconsejamos que no seáis demasiado impacientes, sobre todo al principio. Querer llevarlo todo a la práctica cuanto antes podría depararos alguna fea sorpresa y lograr el efecto contrario al deseado... ¡Un desastre! Un plato no puede quedar bueno si se juntan todos los ingredientes y se cocinan a la vez. Os aconsejamos que empecéis con uno o dos consejos por vez y que os observéis, perseverando hasta que se conviertan en hábitos adquiridos, y que luego, poco a poco, comencéis a poner en práctica los restantes.

Y CUANDO EL NIÑO ESTÁ EN PLENA RABIETA, ¿CÓMO PODÉIS GESTIONAR VUESTRA FRUSTRACIÓN?

Contad hasta mil... Puede que no hasta mil, pero sí tomaros unos segundos para respirar hondo, calibrad la situación, id a la cocina a beber una poca de agua y, mientras tanto, reorganizad vuestras ideas sobre cómo actuar de la mejor forma posible (dejando que se apacigüen las aguas que sientes agitarse dentro de ti...).

Evitad gritarle y arrojar sobre él vuestras emociones. Por ejemplo, evitad decirle, llevado o llevada por la ira: «¡Basta! ¡No te aguanto más!», «¡Cállate de una vez!», «¡Eres insoportable!», «¡Vas a acabar conmigo!», «¡Solo pierdo así los nervios contigo!», etcétera.

Sois libres de experimentar el sentimiento que sea, pero tenéis el deber de escucharos y de resolverlos o de gestionarlos antes de que arrollen, como una avalancha, también a vuestro hijo ahogando sus sentimientos y los problemas que, en esos momentos, necesitan de vosotros, no de vuestro histerismo. Preguntaros qué es lo que os irrita tanto.

Sacad tiempo para vosotros

Ser unos excelentes padres no significa estar las veinticuatro horas del día pendientes del niño. En la actualidad eso, además, es imposible. Con frecuencia, ambos trabajan y pasan fuera de casa muchas horas al día; luego están las faenas del hogar, la compra, los diversos compromisos y necesidades personales (que, con frecuencia, se colocan en último lugar). Para hacer las cosas como es debido, sin embargo, tendríamos que aprender a ponernos en primer lugar. Si estamos cansados o insatisfechos, es imposible que tengamos la energía y el entusiasmo necesarios para hacer frente a tanta carga. Disfrutar de un tiempo solo para vosotros no es una pérdida de tiempo, ¡todo lo contrario! Reservaos, diaria o semanalmente, un espacio para hacer lo que os gusta, para descansar, para tomaros un café con los amigos, para practicar un deporte, para leer, etc. Es un auténtico elixir mágico que os proporcionará alegría, os recargará las pilas de energía, os devolverá el buen humor. Solo si estáis a gusto con vosotros mismos podréis tener fuerzas para hacer frente a las responsabilidades a las que os obliga vuestro hijo. Otro secreto ninja: el apoyo y la colaboración de la pareja son un as en la manga que, desgraciadamente, falta en muchas familias. Si la relación de pareja no es armoniosa, las tensiones hacen que la gestión diaria de las obligaciones familiares resulte más difícil y pesada. Un buen inicio para muchos lectores podría ser precisamente ese: restaurar la relación de pareja, algo que, indirectamente, mejorará las otras áreas de la vida, desde la relación con los hijos hasta el trabajo y la sexualidad.

Secundad vuestras necesidades y deseos

Os recomendamos vivamente que hagáis con vosotros lo mismo que os hemos aconsejado que hagáis con vuestro hijo y os dejéis un espacio para secundar vuestras necesidades y deseos. Es una verdad sabida que solo podemos acompañar a los demás a lo largo de los caminos que ya conocemos, que hemos recorrido personalmente. Para que os resulte más fácil comprender qué siente vuestro hijo, empezad a redactar una lista con vuestras aficiones, deseos (aunque os parezcan irrealizables), sueños (aunque ahora mismo se os antojen inalcanzables), con todo lo que os gustaría concederos de vez en cuando, pero para lo que no encontráis tiempo jamás o de lo que crees que podéis prescindir (porque «no es importante o fundamental»...). Una vez redactada la lista, empezad por los puntos más fáciles de realizar e incorporadlos a vuestra agenda. Nunca es una cuestión de tiempo: es siempre una cuestión de ganas y de prioridades.

Convertíos en los padres de vosotros mismos

Los padres que acuden a nosotros en busca de consejo muchas veces se dan cuenta de que conocer la naturaleza de sus hijos es, en realidad, hacer un viaje para redescubrirse a sí mismos... ¡Ese es el quid de la cuestión! Los adultos aún tenemos que aprender muchas cosas de nosotros mismos y, considerando que los niños son nuestros verdaderos maestros, que, con frecuencia, actúan como si fueran el espejo en el que vemos reflejada nuestra conducta, permitiéndonos, al hacerlo desde fuera, observarla mejor, ha llegado el momento de aprovechar la oportunidad. Concedernos también a nosotros todas estas atenciones «según los dictados de la naturaleza» para hacer florecer no solo su esencia, sino también la nuestra, es el mejor regalo que nos podemos hacer a nosotros mismos. Más que un regalo, en realidad, se trata del cumplimiento de un sagrado deber. Además de ser buenos padres, de hecho, estamos obligados a ser, ante todo, buenos padres de nosotros mismos, a realizar nuestro proyecto de vida, a encontrar nuestro camino, a desarrollar las competencias necesarias para alcanzar nuestra serenidad y nuestra felicidad personal.

Entrenaos

Nadie «nace enseñado». Aunque ser unos buenos padres esté en nuestra esencia o sea una habilidad que está lista para florecer en nuestro interior, tenemos que ponerla en práctica para que salgan a la superficie nuestras competencias naturales. Así, igual que haríais con vuestros músculos en el gimnasio, entrenaos: haced todos los días cosas que os acerquen cada vez más a las necesidades de vuestro hijo. Al principio cuesta, falta el aliento, nos sentimos doloridos, desganados, sin entusiasmo. Pero si perseveramos, superando las dificultades del momento, el resultado es un cuerpo sano y escultural. Lo mismo ocurre con la relación con vuestro hijo: podéis construir una relación sólida, hecha de afecto, comprensión y confianza duraderos.

«Sí, pero ¿por dónde empiezo?»

Como podréis imaginaros, es imposible poner inmediatamente en práctica todos los consejos que habéis leído en este libro y que vuestro hijo y vosotros os transforméis de golpe, como si os hubiesen tocado con una varita mágica.

Hay una cosa de la que estamos seguros: si decidís manteneros firmes; si, con calma y perseverancia, os aplicáis a poner en práctica todos los días unas pocas enseñanzas por vez, os ocurrirá lo mismo que nos pasó a nosotros y que os hemos transmitido empleando un libro entero.

Os lo repetimos una vez más: no podéis pensar en hacerlo todo enseguida. La prisa es enemiga del éxito, sobre todo si queréis que sea duradero. La mejor forma para empezar es avanzar lentamente, a pequeños pasos, siguiendo vuestro ritmo. He aquí algunos consejos útiles, que os recomendamos que sigáis antes de empezar a llevar a la práctica todo lo que habéis aprendido hasta ahora.

Poneos a vosotros en primer lugar durante unos días

Olvidad los consejos sobre las rabietas y los conflictos, dejadlo todo tal y como está. Ocupaos, lo primero, en mejorar vuestra calidad de vida y en recuperar unas energías preciosas. Por ejemplo, dedicad un poco de tiempo a algo que os guste mucho o al descanso (no nos digáis que no tenéis tiempo: estamos completamente seguros de que si, realmente lo queréis, podréis sacar diez minutos al día). Plantearos volver a casa un poco más tarde del trabajo y pasad media hora charlando con un amigo o una amiga, id a correr, escuchad algo de música, salid a cenar en pareja, dejando al niño con alguien (por una vez no va a pasar nada...), etc. Haced una de estas cosas todos los días durante un tiempo. Enseguida empezaréis a sentiros mejor, a tener muchas más energía y más optimismo. Y estaréis listos para el siguiente paso.

Ejercitaos en mantener la calma

En vez de desperdiciar unos recursos preciosos enfadándoos, os aconsejamos que utilicéis esos mismos recursos en entrenaros para entender la verdadera motivación profunda del niño (que puede variar según los casos y las circunstancias, como os habréis dado cuenta al leer este libro). Durante unos días, limitaos a respirar hondo, a no identificaros ni a preguntaros: «¿Por qué se porta así?». Es todo una cuestión de entrenamiento. Al principio, para no caer en la trampa de la identificación, os resultará más fácil si pensáis en él como si fuera el hijo de unos amigos o de unos vecinos (os ayuda a no sentir ansiedad, a no cargaros de excesivas responsabilidades, miedos, juicios negativos y sentimientos de culpa ante vuestros eventuales errores).

Seguid entrenándoos así durante un par de semanas: antes de llegar a un resultado óptimo es posible que necesitéis más tiempo, según cuanto os ejercitéis y cómo lo hagáis. Al principio no os resultará fácil identificar inmediatamente la motivación profunda, pero esta técnica os ayudará a crear las bases apropiadas para hacerlo más adelante, en cuanto hayáis alcanzado más soltura.

Practicad

En cuanto estéis suficientemente entrenados en el punto precedente, empezad a poner en práctica la anticipación de la necesidad, la «danza del sí» y los demás consejos que os hemos dado. Hacedlo aunque todavía no seáis unos expertos en identificar la motivación profunda: es importante para empezar a modificar vuestra relación. Esforzaos en convertir estas técnicas en parte de vuestra vida cotidiana. Cuanto más las pongáis en práctica, más notará vuestro hijo los beneficios; y no solo eso, para vosotros se convertirán en una costumbre y conseguiréis erradicar vuestras eventuales rigideces y las creencias que os han limitado hasta ahora. De vez en cuando, poned en práctica los consejos también con vosotros mismos, así os resultará más fácil hacerlo con vuestro hijo y empatizar con él.

> Con calma, día tras día, integrad estas enseñanzas poniendo en práctica, según los casos, las doce claves para resolver cualquier tipo de rabieta.

Y para acabar... ¡un rico postre!

Resolver el problema de las rabietas de forma eficaz es como preparar un rico tiramisú.

Para hacer un excelente tiramisú se necesita bizcocho, crema muy dulce y algo con un sabor fuerte que contrarreste el dulzor de la crema, como el café, el zumo de naranja o la menta. Estos aromas, aun oponiéndose al sabor dulce de la crema, confieren al tiramisú ese sabor único por el que muchos lo consideran el mejor de los postres. Capa tras capa, puedes hacer un dulce sencillo y, al mismo tiempo, exquisito del que, si te gusta el dulce, no te cansarás nunca.

Con las rabietas pasa un poco lo mismo.

Si sois verdaderos amantes de los niños, podéis disfrutar de cada minuto que paséis con ellos, podéis crear momentos mágicos, establecer una complicidad única que lo hace todo mucho más fácil y que podría hasta daros ganas de resolver el problema de las rabietas y volveros invencibles también ante pruebas más duras y extenuantes.

¿Cómo se consigue eso? Poniendo una capa tras otra, ¡igual que se hace un tiramisú!

También en el caso de las rabietas necesitáis un componente sólido (el bizcocho), una crema dulce y suave que lo amalgame todo y un aroma fuerte que le dé el punto necesario para obtener el resultado que deseáis.

En nuestro caso, la parte sólida la podéis crear con el *esfuerzo*, la *firmeza* y la *constancia*.

La parte cremosa y azucarada os la proporcionarán la *disponibilidad*, la *comprensión de la motivación*, la *dulzura*, la *ausencia de reacciones*.

Por último, necesitaréis algo que «rompa» el sabor, algo que es posible que nunca se os habría ocurrido añadir y que, sin embargo, es lo que marca la diferencia: *dejar de considerarlas rabietas*, de pensar que los niños puedan tener una mente maquiavélica o ideas tan manipuladoras con respecto a los adultos (es especial con respecto a sus padres) como para poner a prueba, intencionadamente, vuestra paciencia.

Todo buen tiramisú que se precie se remata espolvoreando al final cacao por encima. En nuestro caso, ¿cuál es el equivalente al cacao? ¿Qué es lo que, por un lado, amalgama todos los ingredientes y, por otro, crea un efecto sorpresa que hace que el postre resulte simplemente perfecto?

Una nueva forma de concebir la naturaleza de los niños que, en realidad, es tan antigua como la Tierra. Si vosotros tenéis también el *deseo* y la *humildad necesaria para poneros en tela de juicio*, para modificar vuestra forma de pensar y de actuar, para abandonar falsas creencias totalmente inútiles y observar con más atención a vuestros hijos, para *dejaros guiar por su mirada* y por sus palabras, él será un niño más feliz y vosotros, con muy poco, unos adultos decididamente mejores.

Agradecimientos
(a quienes realmente los merecen)

Gracias a todos los niños porque a través de esos comportamientos erróneamente definidos como «rabietas» intentáis mostrar a papá y a mamá vuestra naturaleza y vuestras necesidades emocionales.

Gracias a todos los niños porque sois una maravillosa escuela de vida y un manual de instrucciones perfecto que nos dice cómo necesitáis crecer: con alegría, con felicidad y en armonía.

Gracias a todos los niños porque sois el futuro del mundo, porque nos dais la oportunidad de mirar en nuestro interior, de tomar conciencia de nuestros condicionamientos, de nuestros lados oscuros y de todos los fantasmas que aún tenemos en el armario, y porque nos concedéis la enorme oportunidad de resolverlos y de convertirnos en adultos mejores y más serenos.

Gracias a todos los niños porque sois unos VERDADEROS, AUTÉNTICOS Y SUPREMOS MAESTROS; y, sobre todo, ¡porque nunca dejáis de serlo!

Antes de despedirnos...

Queremos que vosotros estéis bien.

No solo porque eso hace que vuestro hijo esté bien, sino porque vosotros también sois importantes.

Vuestro hijo es vuestro hijo y vosotros sois vosotros. Un día, él se hará mayor, seguirá su propio camino y vosotros tendréis que rendir cuentas de vuestros actos ante vosotros mismos. Podréis sentiros felices al mirar hacia el pasado o, por el contrario, frustrados porque no habéis logrado obtener lo mejor de la relación con vuestro hijo. Esto es algo que no nos podemos permitir.

Aspirar a lo más alto merece la alegría (no solo la pena).

Siempre hay tiempo para reorganizar nuestros objetivos y nuestras esperanzas.

Recordad: los hijos nunca eligen a unos padres inferiores a sus expectativas. En vuestro interior tenéis ya todo lo que precisáis para demostrar que podéis dar a vuestra hijo lo que os pide para crecer.